Inhaltsverzeichnis

Übungsaufgaben

IT ist heutzutage die Hauptschlagader aller Unternehmen. Sie stellt neben dem strategischen Teil mitunter die wichtigste Instanz zur Erreichung der Unternehmensziele dar.

Die berufliche Perspektive ist in keiner anderen Branche so gut wie in der IT-Branche. Der rasante Fortschritt erfordert einen stätigen Bedarf an hoch qualifizierten Mitarbeitern. Besonders Standardisierungen helfen miteinander effizienter und qualitativer zu arbeiten. Im IT Bereich gibt es unzählige Standardisierungen und Normen die dabei helfen sollen, Informationen effizienter auszutauschen. Die ISTQB Zertifizierung oder andere Qualitätszertifizierungen sind ein Beispiel dafür.

Dieses Skript hilft Ihnen dabei, sich auf die Softwaretest-Zertifizierung vorzubereiten. Es lässt sich aber auch prima als Nachschlagewerk im echten Arbeitsleben verwenden. Es hat nicht den Anspruch eines vollwertigen Buches, sondern ermöglich, schnell mit Hilfe von Stichworten das benötigte Wissen für eine erfolgreiche Zertifizierung aufzubauen. In diesem Sinne wünsche Ihnen viel Erfolg!

Begriffe und Definitionen

Im folgenden Abschnitt definieren wir wichtige Begriffe und Definitionen, die auch im weiteren Verlauf des Skriptes verwendet werden.

Ein **Fehler** in einer Software ist „die Nichterfüllung einer festgelegten Anforderung - eine Abweichung zwischen dem „Ist-Verhalten" und dem „Soll-Verhalten", (welches in der Anforderung festgelegt ist).

Ein **Mangel** liegt vor, wenn eine entsprechende Anforderung oder eine berechtigte Erwartung nicht angemessen erfüllt wird.

Der Begriff **Fehlerwirkung** (oder auch: „failure", „Fehlfunktion") beschreibt die Auswirkungen eines Fehlers, in einer Software, welche nach Außen hin für den Anwender der Software sichtbar wird, wenn das Programm, bzw. die Software ausgeführt wird. Bsp.: fehlerhafte oder falsche Ausgabewerte.

Der **Fehlerzustand** ist eine falsch programmierte Anweisung im Programm, welche eine Fehlerwirkung verursachen kann.

Die **Fehlermaskierung** beschreibt die Kompensierung eines Fehlerzustands, durch Einen oder mehrere andere Defekte in der Software.

Die **Fehlhandlung** ist die vorausgegangene Ursache für den aufgetretenen Fehler. **Bsp**.: Durch die unsaubere Dokumentation der Arbeitsaufträge innerhalb der Entwicklungsabteilung, wurde das Modul „read_x" vom Entwickler fehlerhaft programmiert.

Unter **Debugging** versteht man die Fehlerbereinigung und Fehlerkorrektur durch den Software-Entwickler.

Ziele des Testens:

- Ausführung des Programms, mit dem Ziel, Fehlerwirkungen nachzuweisen.
- Ausführung des Programms mit dem Ziel, die Qualität zu bestimmen und kontinuierlich zu verbessern.
- Ausführung des Programms, mit dem Ziel das Vertrauen in das Programm zu erhöhen und damit zur Akzeptanz der Software beizutragen.
- Analysieren des Programms oder der Dokumente (z.B.: Anforderungen), um Fehlerwirkungen vorzubeugen.

Testprozess: Unter einem Testprozess versteht man das eigentliche Testen der Software nach den oben genannten „Zielen", sowie die Planung und Auswertung der Testdaten („Testmanagement").

Testlauf/ Testfälle: Ein Testlauf umfasst die Ausführung mehrere Testfälle. Testfälle umfassen die festgelegten Randbedingungen, Eingabewerte und erwartete Ausgabewerte. Testfälle sollten so gewählt werden, dass nicht bekannte Fehlerwirkung aufgedeckt werden.

Testszenarien: Mehrere Testfälle werden zu einem Testszenarium aneinandergereiht. Das Ergebnis eines Testfalls wird als Ausgangssituation für den nächsten darauf folgenden Testfall verwendet. Testszenarien können komplexe, betriebswirtschaftliche Prozesse des Unternehmens nachbilden, oder eine einfache Zusammenreihung von Testfällen beinhalten.

Testorakel: Das Testorakel dient als Informationsquelle zur Ermittlung der jeweiligen Soll- Ergebnisses eines Testfalls.

Softwarequalität:

Die **Softwarequalität** umfasst das *„Finden und Beheben von Fehlerwirkungen"* in einer Software, in Bezug zu folgende Anforderungen:

Funktionalität

Das Qualitätsmerkmal der „Funktionalität" umfasst alle Charakteristiken, welche die geforderten Fähigkeiten des Systems beschreiben, bzw. die Anforderungen, die vom Kunden erwünscht werden.

Diese Fähigkeiten werden meist durch spezifiziertes Ein-/ und Ausgabeverhalten und / oder einer entsprechende Reaktion oder Wirkung des Systems auf definierte Eingaben beschrieben.

Funktionalität beinhaltet folgende Faktoren:

Richtigkeit (Produkt entspricht den Anforderungen)

Interoperationalität

- Beschreibt das Zusammenspiel zwischen dem zu testenden System und der vorgegeben Systemanforderung.

Ordnungsmäßigkeit

- Erfüllung von anwendungsspezifischen Normen, gesetzlichen Bestimmungen

Sicherheit

- Abwehren und Unterbinden von versehentlichen oder absichtlichen-, unberechtigten Zugriffen auf das System und auf dessen Daten.

Zuverlässigkeit

Das Qualitätsmerkmal „Zuverlässigkeit" beschreibt die Fähigkeit eines Systems, ein Leistungsniveau unter festgelegten Bedingungen, über einen definierten Zeitraum zu bewahren unter folgenden Kriterien:

Fehlertoleranz

- Unter Fehlertoleranz versteht man, das Erlangen des ursprünglichen Leistungsniveaus nach einem Fehler durch den Anwender

Wiederherstellbarkeit

- Das Qualitätsmerkmal „Wiederherstellbarkeit" beschreibt, wie schnell das geforderte Leistungsniveau nach einem Versagen oder Ausfall des Systems wieder erreicht werden kann.

Benutzbarkeit

Das Qualitätsmerkmal der Benutzbarkeit beschreibt sämtliche Aspekte in Bezug auf:

Verständlichkeit und *Erlernbarkeit* der Software mit Hinblick auf Bedienaspekte

- Das Qualitätsmerkmal „Benutzbarkeit" beeinflusst die Benutzerakzeptanz eines Systems am stärksten.
- Mit „Benutzbarkeitstests" wird die Schwierigkeit der Bedienung einer Software ausgewertet. Dies lässt sich durch Benutzer-Akzeptanz-Tests durchführen, bei welchem der Endnutzer mit der Software konfrontiert wird und diese bewerten soll, mit Hilfe zuvor festgelegter Kriterien

Effizienz

Beim Test der Effizienz werden messbare Ergebnisse geliefert und ausgewertet.

Beispiel eines Effizienztests: Eine neue Kundenverwaltungssoftware soll im Unternehmen "Schmidt&Co" eingeführt werden. Die Software befindet sich noch in der Entwicklungsphase, beherrscht aber schon grundlegenden Funktionen. Um die Effizienz der neuen Software zu testen, sollen Pilot-Nutzer festgelegte Geschäftsprozesse mit Hilfe der Software durchführen. Die Durchführungszeiten werden gemessen und konsolidiert. Ebenso kann die neue Software mehrere Prozesse schnell hintereinander abarbeiten, wodurch sie in dieser Hinsicht effizienter ist, als die zuvor verwendete Software.

Weitere Qualitätskriterien zur Messbarkeit der Effizienz kann der Verbrauch an Ressourcen (Zeit, Betriebsmittel etc Material wie: Papier, Netzwerk, Speichermedien etc.) sein.

Ein Effizienztest liefert messbare Ergebnisse, welche unbedingt gesammelt und ausgewertet werden sollten. Je mehr Daten aus vergangenen Testdurchführungen zur Verfügung stehen, umso interessanter sind die Auswertungen dieser Daten, in Bezug auf Effizienz und desto größer ist der Mehrwert für das Projekt. Oft werden sogenannte Performance- oder Last-Tests automatisiert durchgeführt und protokolliert.

Weitere Qualitätsmerkmale:
- **Änderbarkeit**
  - Analysierbarkeit
  - Modifizierbarkeit
  - Stabilität
  - Prüfbarkeit
- **Übertragbarkeit**.
  - Anpassbarkeit
  - Installierbarkeit
  - Konformität
  - Austauschbarkeit

Oft konkurrieren Qualitätsmerkmale untereinander. Beispielsweise leidet das Qualitätsmerkmal der „Effizienz" bei überproportionaler Bedeutung des Qualitätsmerkmales der „Benutzbarkeit", da die Software unter Umständen, bei hoher benutzerfreundlicher Gestaltung an „Schnelligkeit" verlieren kann. Des weiteren leidet bei einem sehr effizienten Software-Modul, das Qualitätsmerkmal der „Übertragbarkeit" und die damit verbundene Integration in andere IT Systeme.

In den Anforderungen an die Software muss festgelegt werden, welche Qualitätseigenschaften mit welcher Priorität umgesetzt werden sollen. Für ein sicherheitsrelevantes Software-Modul, z.B. ein System zur Sicherstellung eines Mindestabstandes bei Fließbandarbeiten (Qualitätsmerkmal im Vordergrund: „kurze Reaktionszeiten") werden andere Qualitätsmerkmale hervorgehoben als für ein Kundenverwaltungssystem (Qualitätsmerkmal im Vordergrund: „hohe Benutzerfreundlichkeit").

Testintensität: Bei einem Softwareprodukt ist zu entscheiden, wie intensiv und wie umfangreich es zu Testen ist. Diese Entscheidung muss in Abhängigkeit zum erwarteten Risiko bei einem fehlerhaften Verhalten der Software getroffen werden. Die Tests müssen strukturiert und systematisch durchgeführt werden um unnötige Tests, die zu keinen neuen Ergebnissen führen zu vermeiden.

Beim **kontrollflussbasierten Testverfahren** steht der Kontrollflussgraph (Programmablauf) des Programms im Vordergrund. Sie werden im Verlauf dieses Skriptes unterschiedliche kontrollflussbasierte Testverfahren kennenlernen:

- Anweisungsüberdeckungstest   (C0)
- Kantenüberdeckungstest   (C1)
- Bedingungsüberdeckungstest   (C2, C3)
- Pfadüberdeckungstest   (C4)

Das **datenflussbasierte Testverfahren** orientiert sich an dem Gebrauch und der Weitergabe der Daten (Zugriff und Benutzung von Variablen). Ähnlich wie beim kontrollflussorientierten Test ist bei den datenflussorientierten Tests die Grundlage aller Testkriterien ein Kontrollflussgraph. Dieser wird beim datenflussbasierten Testverfahren um die Variablenzugriffe erweitert (Datenflussattribute)

Jeder Variablenzugriff innerhalb eines Programms lässt sich einordnen:

- Lesender Zugriff einer Variable
- **Def:** Schreibender Zugriff [engl.: definition (def)]

Der lesende Zugriff auf eine Variable kann weiter unterschieden werden:

- **P-Use** *(Prädikative Nutzung):* Wird ein gelesener Wert benutzt, um eine Entscheidung innerhalb des Kontrollflusses zu treffen
- **C-Use** *(Berechnende Benutzung [engl.: computational])* Wird der gelesene Wert benutzt, um eine Berechnung durchzuführen

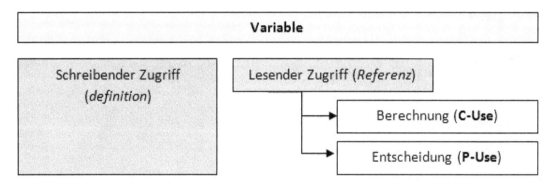

Abbildung der Variablenzugriffe:

Festlegung der Teststrategie: Eine Aufgabe der Projektleitung, ist die Bestimmung der Teststrategie. Da ein vollständiger Test nicht möglich ist, müssen Prioritäten anhand einer Risikoeinschätzung gesetzt werden. Je nach Eintrittswahrscheinlichkeit der einzelnen Risiken sind die Testaktivitäten auf die einzelnen Systeme zu verteilen. → Optimale Verteilung der Tests auf die „richtigen" Stellen des Softwaresystems.

Überdeckungsgrad: Kriterium zur Beendigung des Tests. Beispiele zur Errechnung des Überdeckungsgrades finden Sie im weiteren Verlauf dieses Skriptes.

Testrealisierung und Testdurchführung

Die folgende Nummerierung hilft beim Test-Vorgehen innerhalb eines Software-Entwicklungsprojektes. Mit Sicherheit können theoretische Ansätze in der Praxis oft nur teilweise umgesetzt werden. Die Durchführung und Gestaltung der „Tests" hängt immer von den Projektgegebenheiten ab.

1. **Erstellung Logische Testfälle :**
   Logische Testfälle sind die ersten Definitionen von Tests, die anhand der Spezifikation / den Anforderungen abgeleitet werden. Bei logischen Testfällen existieren keine Angaben von konkreten Werten für Ein- und Ausgaben. Es werden meist Wertebereiche (Äquivalenz-Klassen) für Ein- und Ausgaben angegeben.

2. **Ableitung von konkreten Testfällen**
   Konkrete Testfälle werden aus den logischen Testfällen abgeleitet und besitzen Wertausprägungen für Ein- und Ausgaben.
   Diese können aber basierend auf Geschäftsprozessen abgeleitet werden.

3. Priorisieren

Testfälle werden anhand einer Priorität bearbeitet, um schwerwiegende Fehlermeldungen rechtzeitig zu erkennen und zu beseitigen. Die Priorität wird von Test Analysten, vor der Testdurchführung vergeben.

4. Bildung von Testsequenzen:

Testfälle werden zu Testsequenzen oder Testszenarien gruppiert, um die Testfälle effektiv durchzuführen. Die Testsequenzen/ Testszenarien lassen sich auch anhand bestehender Geschäftsprozesse ableiten oder anhand der Priorität.

5. Erstellung eines Testrahmens:

Der Testrahmen besteht aus bereits entwickelten Software-Modulen, Testtreibern, Platzhaltern, die notwendig sind, um Testfälle durchzuführen, auszuwerten und Testprotokole aufzuzeichnen. Durch die Entwicklung eines Testrahmens kann schon frühzeitig mit dem Test der Softwaremodule begonnen werden, auch wenn diese als Gesamtheit noch nicht vollständig zu Verfügung steht.

6. Prüfung auf Vollständigkeit

Hierbei geht es um die Überprüfung der Start- und Ablauffähigkeit, sowie der Hauptfunktionen des zu testenden Softwareartefaktes.

Wenn hier bereits Fehler auftreten ist eine tiefere Fehlersuche nicht sinnvoll, da vorab die fehlerhaften Funktionen korrigiert werden müssen. Weitere Testfälle werden deshalb in einer solchen Situation auf „blockiert" gesetzt.

Protokollierung der Testdurchführung

- Es ist unbedingt festzuhalten, welche Testläufe mit welchem Ergebnis (erfolgreich oder fehlerhaft) durchgeführt wurden.
- Diese Protokollierung muss auch für Außenstehende verständlich sein („Kunde") damit nachweißbar ist, dass die festgelegte Teststrategie eingehalten und umgesetzt wurde.
- Daten müssen so protokolliert werden, dass eventuelle Fehler reproduzierbar sind. Bei einer Vielzahl von Testfällen empfiehlt sich der Einsatz eines Testwerkzeuges, welche bei der Test- Durchführung, -Auswertung und der -Protokollierung behilflich ist. Über den Einsatz eines Testwerkzeuges entscheidet die Projektleitung vor Testbeginn.

7. Fehlerwirkungen

Tritt eine Fehlerwirkung bei der Testdurchführung auf, ist bei der Auswertung zu entscheiden, ob es sich tatsächlich um einen Fehler handelt. Bei einem Fehler ist die Fehlerwirkung entsprechend zu protokolieren.

8. Fehlerklasse definieren

Darunter versteht man die Einteilung der aufgedeckten Fehlerwirkungen nach „Schwere der Fehlerwirkung" aus Sicht des Anwenders.

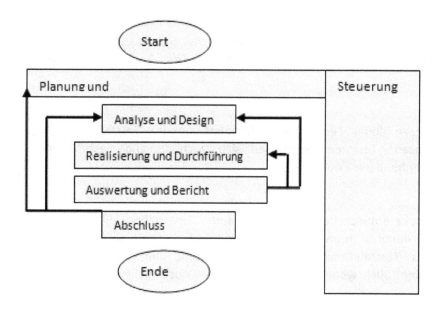

Abbildung des fundamentalen Testprozesses

Test-Ende Kriterium:

Unter dem Test-Ende Kriterium versteht man einen definierten Status, bei dessen Erreichung die Testaktivitäten abgeschlossen werden können. Das Test-Ende Kriterium ist erreicht, wenn eine zuvor definierte Überdeckung der Testfälle stattgefunden hat. Auf die Berechnung der Überdeckung, hinsichtlich der unterschiedlichen Testmethoden, wird im späteren Verlauf dieses Skriptes eingegangen. In der Praxis wird das Ende Kriterium des Tests häufig durch Faktoren bestimmt, die nicht in direktem Zusammenhang mit dem Test stehen.

- Zeit und Kosten
- Personalmangel

Führen diese Kriterien zum Abbruch der Testaktivitäten, so sind bei der Projektplanung nicht ausreichend Ressourcen zur Verfügung gestellt worden. In Software-Entwicklungs-Projekten können Test und Qualitätssicherung 50% des Projektbudgets ausmachen. Der Verzicht auf „Testen" und die somit kurzfristige Budget-Einsparung, rächt sich im späteren Softwarelebenszyklus und kostet langfristig ein Vielfaches mehr.

Testbericht: Zum Ende der Testphase, ist ein zusammenfassender Bericht für die Entscheidungsträger zu erstellen. Beim Komponententest reicht eine formlose Mitteilung über den Erfüllungsgrad der Kriterien an den Projektmanager/ bzw. Testmanager aus.

Abschluss der Testaktivitäten:

- Welche geplanten Ergebnisse wurden – wenn überhaupt wann erreicht?
- Welche unvorhergesehenen Ereignisse sind eingetreten?
- Gibt es offene Änderungswünsche? Warum wurden Sie nicht umgesetzt?
- Wie hoch war die Akzeptanz beim Einsatz des Systems?

Psychologie des Testens

Entwicklertest: Unterschiedliche Betrachter-Rollen, finden unterschiedliche Fehler. Der Entwickler hat meist eine andere Sicht auf sein eigenes Programm und testet oft nur die Hauptfunktionen der Software bzw. den USE-Case. Ein guter Test besteht jedoch auch aus dem Test der negativen Benutzereingaben, die erwartungsgemäß zu einer Fehlermeldung führen sollten. Professionelle Tests können nicht durch Entwicklertests ersetzt werden, es ist jedoch eine günstige Variante um die zu testenden Module vor Weiterleitung an die Testabteilung grob zu überprüfen. Abhängig von Projektsituation und Anforderungen entscheidet das Management darüber in welchem Umfang Entwicklertests durchgeführt werden sollen.

Auch die damit verbundenen Risiken müssen abgewogen werden, da bereits fehlerhafte Anforderungen nicht durch einen Entwicklertests aufgedeckt werden können

Ein **Unabhängiges Testteam** ist förderlich für die Qualität und Schärfe der Tests, da der Tester dem Objekt unvoreingenommener gegenübersteht.

Grundsätze des Testens:

- **Ein guter Test ist keine Garantie für absolute Fehlerfreiheit**
- **Vollständiges Testen ist nicht möglich**
- **Mit dem Testen frühzeitig beginnen**
- **Häufung von Fehlern**
    - Oft befinden sich nur in wenigen Teilen eines Testobjektes die meisten Fehlerwirkungen, eine Gleichverteilung ist nicht gegeben.
- **Zunehmende Testresistenz**
    - Wenn Tests immer nur wiederholt werden, decken Sie keine neuen Fehlerwirkungen mehr auf.
    - Neue oder verbliebene Fehler sind in den Programmteilen enthalten,
        - welche nicht getestet wurden.
- **Testen ist abhängig vom Umfeld**
    - Sicherheitskritische Systeme verlangen andere Prüfungen als beispielsweise
        - E-Commerce-Systeme .
- **Ein fehlerfreies Programm garantiert noch lange nicht, ein brauchbares System, welches von seinen Benutzern akzeptiert wird.**
    - Entspricht das System auch den Erwartungen der Nutzer /des Kunden?
    - Frühzeitige Einbeziehung der späteren Nutzer in den Entwicklungsprozess und die Nutzung von "Prototyping" sind vorbeugende Maßnahmen zur Vermeidung des Problems.

Das allgemeine V-Modell beschreibt die Standard-Vorgehensweise bei Software-Entwicklungsprojekten. Die Abgrenzung gegenüber anderen Modellen ist, das Entwicklungsarbeiten und Testarbeiten korrespondierend und gleichberechtigt stattfinden. Zusätzlich ist das V-Modell individuell anpassbar und hat sich somit zum weit verbreitetsten Modell durchgesetzt.

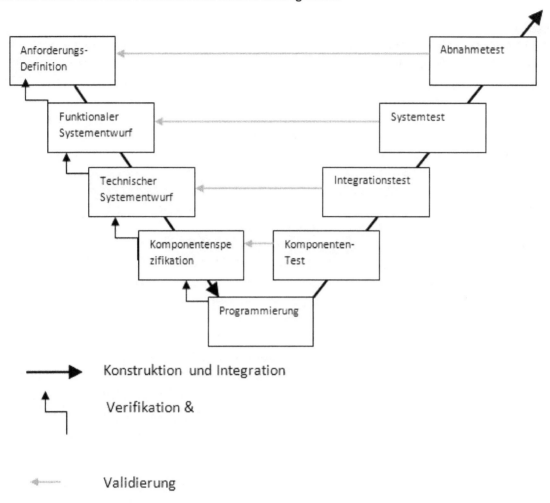

Abbildung des V-Modells

Begriffserklärung:
Linker Ast des V- Modells:

- **Anforderungsdefinition**:   Wünsche und Anforderungen des Auftraggebers werden gesammelt und spezifiziert
- **Funktionaler Systementwurf:** Die Anforderungen werden auf Funktions- und Dialogabläufe des neuen Systems abgebildet
- **Technischer Systementwurf:** Entwurf: technische Realisierung: Definition: Schnittstellen, Zerlegung in Teilsysteme
- **Komponentenspezifikation:** Für jedes Teilsystem werden Aufgabe, Verhalten, Schnittstellen zu anderen definiert
- **Programmierung:** Implementierung der einzelnen Bausteine in einer Programmiersprache

Rechter Ast des V-Modells:

Der linke Ast des V-Modells beschreibt die einzelnen Teststufen hinsichtlich ihrer Qualität, angefangen mit dem Komponententest bis hin zum Abnahmetest mit dem Kunden. Im nachfolgenden sind die einzelnen Teststufen beschrieben:

- Softwarebausteine werden zum ersten Mal, <u>isoliert</u> von anderen Bausteinen getestet.

Vorteile:

- keine komponentenexterne Einflüsse
- klare Zuordnungen beim Auftreten von Fehlerwirkungen
- Fehler können in dieser frühen Test-Phase noch verhältnismäßig kostengünstig beseitigt werden.
- Die Testkomponente kann aus mehreren Softwarebausteinen zusammengesetzt sein, wenn nur komponenteninterne Aspekte geprüft werden sollen.
- Die Testumgebung ist sehr entwicklungsnah, weil die Softwarebausteine gerade aus der Entwicklung kommen.
- Komponententest durch **Testtreiber**:
    - Testtreiber sind Programme, welche definierte Schnittstellenaufrufe absetzten können und die Reaktionen des Testobjekts entgegennehmen können, wenn noch nicht alle

Testziele

- **Test der Funktionalität** → Funktionstest
    - Die Komponente wird einer Reihe von Testfällen unterzogen, die aufgrund von funktionalen Anforderungen erstellt werden. Jeder Testfall deckt eine bestimmte Ein-/ und Ausgabekombination (Teilfunktionalität) ab.
- **Test auf Robustheit**
    - Ähnlich wie beim funktionalen Test, werden hier Daten und Sonderfälle verwendet / nachgebildet, die laut Spezifikation unzulässig sind → Negativtests
    - Er wird eine angemessene Ausnahmenbehandlung erwartet (Exception Handling). Fehlen solche Ausnahmebehandlungen, treten womöglich Fehler auf, die später das gesamte, vollständige Programm zum Absturz bringen können.
- **Test auf Effizienz**
    - Ein Effizienztest zeigt auf, wie wirtschaftlich die Komponente mit den vorhandenen Ressourcen umgeht in Hinsicht auf:
        - Verbrauch von Speicherplatz
        - Ausführungszeit
        - Rechenzeit (CPU)
    - Im Unterschied zu den meisten anderen Softwarekriterien kann die Effizienz eines Teilobjektes anhand geeigneter Teilkriterien (Kbyte, Minuten) exakt gemessen werden.
    - Effizienzuntersuchungen werden dort vorgesehen, wo solche spezifisch definiert sind.
- **Test auf Effizienz**
    - Software unterliegt Änderungen und äußeren Einflüssen. Gesetzliche Vorgaben zwingen Unternehmen dazu Ihre Software anzupassen um den Anforderungen zu genügen.
    - Unter Wartbarkeit ist definiert, mit welchem Aufwand ein System angepasst werden kann. Dabei spielen zeitliche, personelle und finanzielle Aufwände eine Rolle.
    - Bei der Prüfung auf Wartbarkeit stehen folgende Aspekte im Vordergrund:
        - Codestruktur
        - Modularität
        - Kommentierung des Codes
        - Verständlichkeit
        - Aktualität der Dokumentation
    - Das Qualitätsmerkmal der Wartbarkeit lässt sich in jeder Phase des Projektes beeinflussen. Es beginnt mit einer ordnungsgemäßen und vollständigen Anforderungsdefinition, über eine modulare und austauschbare Codierung, einen gut geplanten und vollständig dokumentierten Test, bis hin zur Projektdokumentation.

Teststrategie

- **White box Test-Verfahren:**
  - Beim White-Box-Test-Verfahren ist der Programmcode ersichtlich und steht ausführbar zur Verfügung bereit. Die Testfälle werden mit Kenntnissen über die innere Struktur, des zu testenden Objektes entworfen.
  - Mit Hilfe eines Debuggers können Variablen während des Testdurchlaufs beobachtet und verändert werden.
  - In der Praxis ist es <u>unmöglich-</u> aufgrund der Masse, alle Komponenten explizit mit einem White Box Test zu testen.
- **Black Box Test-Verfahren:**
  - Beim Black-Box-Test-Verfahren kann auf die innere Struktur des Testobjektes nicht zugegriffen werden.
  - Black-Box-Tests werden auf Basis der Ein- Ausgabe Strukturen entworfen.
  - Testfälle können aus den Anforderungen, aber auch aus Prozessabläufen und UML-Diagrammen abgeleitet werden.

Integrationstest

- Der Integrationstest folgt nach dem Komponententest und setzt voraus, das Dieser bereits erfolgreich abgeschlossen ist
- Einzelne Komponenten werden zu größeren Teilsystemen integriert
- Der Integrationstest prüft das Zusammenspiel mehrere Module innerhalb eines Teil-Systems.

Testziele:

- Finden von Fehlerzuständen
- Test der Schnittstellen zwischen den einzelnen Modulen
  - Schnittstellenfehler können nicht alleine durch vorausgegangenen Komponententests aufgezeigt werden, da dort nur Einzel-Komponenten betrachtet werden.
- Typische Fehler beim Datenaustausch:
  - Eine Komponente übermittelt keine oder nur syntaktisch falsche Daten, sodass darauf aufbauende Komponenten nicht / nicht korrekt arbeiten können.
  - Die Kommunikation zweier Komponenten (A und B) funktioniert, jedoch werden die übermittelten Daten von Komponente B falsch interpretiert.
  - Daten werden zu einem falschen oder verspäteten Zeitpunkt übergeben.
- Ist ein Komponententest verzichtbar? Nein! Weil:
  - Fehler werden meist durch einzelne Komponenten verursacht.
    Diese Fehler können nicht / nur mit einem Mehraufwand gefunden werden, weil der Zugang zu den einzelnen Komponenten erschwert ist.
  - Schwierigkeiten bei der „Suche und Analyse" des aufgetretenen Fehlers.
    Die vermeidliche Zeiteinsparung durch „Weglassen" des Komponententest hat eine schlechtere Fehlerfindungsrate, im weiteren Testverlauf zur Folge.
- *Integration im Großen:*
  - Miteinbeziehung von Schnittstellen zu externen Softwaresystemen
  - Das Testteam kontrolliert nur eine Hälfte der Schnittstellen nach Außen, die andere Hälfte wird von den externen Systemen kontrolliert.
  - Keine Garantie für einwandfreie Funktion

Testobjekte:

<u>Zusammengesetzte Komponenten</u> ermöglichen eine Strukturierung von komplexen Software-Systemen. Dies wird erreicht, indem einzelne Bausteine zu größeren Teilsystemen zusammengesetzt werden

<u>Fremdsysteme/ Zugekaufte Komponenten</u> können oft nur durch BlackBox-Tests geprüft werden, da die innere Struktur oft nicht einsehbar ist. Die Herausforderung des Tests besteht darin, das Zusammenspiel der Fremd-Software und dem vorhandenen System zu gewährleisten.

Testumgebung:

- Beim Integrationstest kann die Testumgebung, welche bereits beim Komponententest verwendet wurde benutzt werden, sowie deren Testtreiber unter der Voraussetzung dass der Komponententest gut organisiert war und die Testtreiber eine einheitliche Architektur aufweisen.

  Bei einem schlecht organisierten Komponententest gibt es eventuell nur wenige brauchbare Treiber.

- Die Entwicklung neuer Testtreiber, während der Testphase des Integrationstests ist kostspielig und zeitaufwendig.
- Monitore werden für die Testumgebung benötigt. Diese lesen Datenbewegungen zwischen Komponenten mit und protokolieren Diese.

Integrationsstrategien:

- Komponenten werden zu unterschiedlichen Zeitpunkten von der Entwicklung fertiggestellt und an den Test übergeben. Mit dem Integrationstest sollte nicht gewartet werden bis alle Komponenten fertiggestellt sind. Es gibt unterschiedliche Strategien, um frühzeitig mit dem Integrationstest beginnen zu können:

  Lösungsansatz: „Ad-hoc-Strategie":
  1. Sobald eine Komponente fertiggestellt ist, wird überprüft ob sie in ein vorhandenes Teilsystem integriert werden kann.
  2. Je früher mit dem Integrationstest begonnen wird, desto mehr Zeit muss für die Realisierung von Platzhaltern investiert werden.
     - Platzhalter übernehmen Aufgaben von Modulen, die noch nicht im System integriert sind. Bsp.: Ein Platzhalter liefert Ein- und Ausgabewerte für bereits fertig gestellte Module, um Diese frühzeitig, vor Fertigstellung aller Module, testen zu können

  Grundstrategien:

  o **Top-Down-Integration**:
  Der Test beginnt mit dem Aufruf des Grundsystems, welches weitere Komponenten aufruft. Die untergeordneten Komponenten sind hierbei durch Platzhalter ersetzt. „Nach und Nach" werden die einzelnen niedrigeren Komponenten hinzu integriert.
  - Der Vorteil dieser Strategie besteht darin, das nur einfache Testtreiber benötigt werden
  - Der Nachteil besteht darin das Platzhalter für niedrigeren Komponenten benötigt werden
  o **Bottom-Up-Integration**:
  Der Test beginnt mit den elementaren Komponenten, welche keine weiteren Komponenten aufrufen. Hierbei werden keine Platzhalter benötigt, jedoch müssen übergeordnete Komponenten durch Testtreiber simuliert werden.
  o **Ad-hoc-Integration**:
  Bei der Ad-hoc-Integration werden die Bausteine in ihrer zufälligen Reihenfolge ihrer Fertigstellung, integriert. Diese Strategie verschafft zunächst einen Zeitgewinn, setzt jedoch Platzhalter und Testtreiber voraus.
  o **Backbone-Integration**:
  Ein Programmskelett oder Backbone wird erstellt, in das schrittweise die Komponenten integriert werden. Die Integration der Komponenten kann in beliebiger Reihenfolge erfolgen, jedoch muss ein aufwändiges Grundgerüst erstellt werden.

  → In der Realität wird meist eine Mischung aus den Strategien verwendet.

Die Randbedingungen für die Integration legen fest welche Strategie am effizientesten ist. Abhängig von:

- o **Systemarchitektur:** Aus wie vielen Komponenten besteht das Gesamtsystem? Handelt es sich um sicherheitsrelevante Software-Module?
- o **Projektplan:** Legt fest, wann im Projekt einzelne Systemteile entwickelt werden und zum Test bereitstehen sollen.
- o **Testkonzept:** Legt fest welche Systemaspekte, wie intensiv getestet werden sollen.

Big Bang vermeiden:

- o Beim „Big Bang" wird mit der Integration erst begonnen, wenn alle Komponenten des Systems vorhanden sind. Im Schlimmsten Fall, konnte aus Zeitgründen kein Komponententest durchgeführt werden und die ungetesteten Module werden zum ersten Mal während dem Integrationstest getestet.
    1. Die Wartezeit, bis alle Module zur Verfügung stehen, (zum „Big Bang") ist vergeudete Zeit
    2. Alle Fehlerwirkungen treten gebündelt auf. Die Lokalisierung der Fehlerwirkungen ist sehr schwer und kostenintensiver.

Systemtest

Der Systemtest ist die dritte Teststufe nach dem Integrationstest. Viele Funktionen und Systemeigenschaften resultieren aus dem Ineinandergreifen aller Systemkomponenten und sind somit erst auf Ebene des Gesamttests beobachtbar. Der Nutzen des Systemtests besteht in der Überprüfung des integrierten Systems, ob spezifizierte Kundenanforderungen vom Produkt erfüllt werden. Dabei spielen unterschiedliche Betrachtungsrollen eine große Bedeutung. Ein Systemtest betrachtet das System aus Sicht des Kunden und des späteren Anwender während die früheren Teststufen oft nur die reine Funktionalität im Blick haben. Oft wird der Kunde erst in der Phase des Systemtests, aktiv in den Testprozess mit eingebunden. Es macht durchaus Sinn den Kunden in früheren Testphasen mit einzubeziehen, denn je später Änderungen an der Software sind teuer.

Testumgebung:

Der Systemtest erfordert eine separate Testumgebung und sollte nicht produktiv durchgeführt werden, da Fehlerwirkungen die Produktivumgebung des Kunden beeinträchtigen können. Ein weiterer Grund, weshalb der Systemtest nicht in der produktiven Umgebung durchzuführen ist, ist das Tester nur wenig Kontrolle über die Parameter und Konfigurationen der Produktivumgebung haben. Fehlerwirkungen sind schwer zu reproduzieren. Der Systemaufwand ist nicht zu unterschätzen! Nach "Bournne 97", ist nach Beginn des Systemtests erst die Hälfte der Test- und Qualitätssicherungsarbeiten durchgeführt.

- **Testziele:**
    - o Wie gut erfüllt das fertige System die gestellten Anforderungen (funktionale und nicht funktionale Anforderungen) des Kunden?
    - o Widersprüchlich, umgesetzte Anforderungen sollen durch einen Systemtest aufgedeckt werden.
- **Unklare Kundenanforderungen:**
    - o Anforderungen können zwar vom Kunden erwünscht sein, wurden aber versäumt schriftlich festzuhalten.
    - o Unterschiedliche Ansichten: Systemtest muss Klärungen und Entscheidungsprozesse erzwingen, welche zuvor unterblieben sind.
    - o Das Zusammentragen der Informationen ist kostspielig und zeitaufwendig.
- **Projekte scheitern:**
    - o Wenn Anforderungen nicht dokumentiert werden, können die Entwicklungsarbeiten nicht ordnungsgemäß stattfinden.

- o Das Produkt wird den Anforderungen des Kunden nicht entsprechen und teurere Nacharbeiten sind die Folge.

Abnahmetest

Beim Abnahmetest stehen die Sicht und das Urteil des Kunden im Vordergrund. Der Kunden prüft die Software anhand seiner gestellten Anforderungen und nimmt die Software vom Hersteller ab.

Formen eines Abnahmetests:

- **Akzeptanztests** können auch im Rahmen niedrigerer Teststufen durchgeführt werden.
  - o Standartsoftwareprodukt kann während dem Integrationstest auf Akzeptanz geprüft werden.
  - o Benutzerfreundlichkeit kann während dem Komponententest geprüft werden.
  - o Akzeptanz einer Funktionalität kann an einem Prototyp, vor dem Systemtest überprüft werden.
  - **Test auf vertragliche Akzeptanz:**
    - o Die vertragliche Abnahme durch den Kunden bei Erstellung von Individualsoftware. Ist die vertraglich festgelegte Leistung erfüllt?
    - o Testkriterien:
      - Abnahmekriterien, welche im Entwicklungsvertrag beschrieben wurden. Diese Kriterien müssen klar und eindeutig formuliert werden.
      - Erfüllung gesetzlicher Vorschriften
      - Akzeptanztests sollten vom Kunden entworfen werden
      - Der Abnahmetest wird in der Abnahmeumgebung des Kunden durchgeführt, welche soweit wie möglich der späteren Produktivumgebung entspricht
  - **Test auf Benutzerakzeptanz**
    - o Erforderlich wenn Kunde und Anwender des Systems unterschiedliche Personen sind, da unterschiedliche Erwartungen an das System bestehen können
    - o Der Start sollte relativ früh angesetzt werden, da durch Prototypen des Systems die Benutzerakzeptanz getestet werden kann.
  - **Akzeptanz durch Systembetreiber**
    - o Einfügen des neuen Systems in die IT-Landschaft
    - o Backup-Routinen etc.
  - **Feldtest (Alpha- und Beta-Tests)**
    - o Wenn die Software in mehreren Produktivumgebungen laufen soll, können diese womöglich nicht alle getestet werden
    - o Feldtests sollen Einflüsse aus nicht vollständig bekannten oder nicht spezifizierten Produktivumgebungen erkennen und beheben
  - **Test durch repräsentative Kunden:**
    - o Lieferung von stabilen Vorabversionen an einen ausgewählten Kundenkreis zum Test dieser Software unter Realbedingungen
      - Alpha-Tests: finden beim Hersteller statt
      - Beta-Tests: finden beim Kunden statt
  - **Test nach Änderungen**
    - Nach der Auslieferung der Software beginnt der „Softwarelebenszyklus"
    - Korrekturen sowie Updates und Erneuerungen können während dem Einsatz umgesetzt werden.
      - Testen nach Software-Wartungen
        - Patches
        - Updates
        - Beseitigung von Defekten
      - Typische Wartungsanlässe:
        - Neue , unvorhersehbare und nicht geplante Einsatzbedingungen
        - Neue Kundenwünsche werden geäußert
        - Neue Funktionen benötigt

- Ausfälle werden beobachtet, welche sporadisch oder erst nach einer langen Betriebszeit auftreten.
- Gesetzliche Änderungen z.B.: SEPA Einführung

Test nach Wartungsarbeiten

- Test auf Akzeptanz bei starker Veränderung
- Jeder neue Quellcode muss getestet werden bevor er produktiv geht.
- Regressionstest

Test bei Stilllegung (Daten archivieren etc.)

- **Testen nach Weiterentwicklung**
  - Beispiel: Ein vorhandenes System soll nun mehrsprachig anwendbar sein, da der Kunde neue Niederlassungen im Ausland eröffnet hat.
    - Alle Teststufen sollen im Idealfall erneut durchgeführt werden
    - Regressionstests der bereits vorhandenen Funktionen

- **Test bei inkrementeller Entwicklung**

Inkrementelles Entwicklungsmodell:

  - Das Produkt wird nicht an einem Stück entwickelt, sondern in einer von vornherein geplanten Abfolge von Versionsständen und Zwischenlieferungen
  - Damit wird erreicht, dass das Produkt nicht an den Kundenerwartungen vorbeientwickelt wird, sondern „mit" den Erwartungen. → In regelmäßigen Zeitabschnitten finden „Abstimmungsmeetings" mit dem Kunden zusammen statt, um Software-Releases abzustimmen.

Inkrementelle Modelle:

  - „Prototyping"
  - Rapid Application Developer
  - SCRUM

Kontinuierliche Integrationstests und Regressionstests.

  - wiederverwendbare Tests, die mit jeder Implementierung als Regressionstest durchgeführt werden (oft automatisiert, wenn möglich) und die bereits vorhandenen Programmteile auf deren Funktion hin testet.

Modell.: *Inkrementelle Softwareentwicklung*

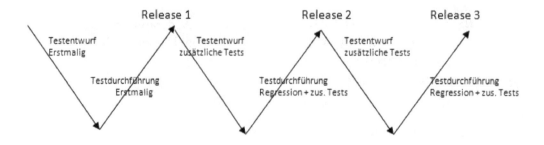

Grundlegende Testarten

Funktionaler Test

Der funktionale Test subsumiert alle Testmethoden, mittels Derer das von außen sichtbare Ein- und Ausgabeverhalten eines Testobjektes geprüft werden kann. Als Testbasis bzw. Referenz für das Sollverhalten des Softwareartefaktes dienen die funktionalen Anforderungen.

Was sind funktionale Anforderungen?:

Funktionale Anforderungen spezifizieren das Verhalten, welches das Softwareartefakt erbringen muss. Diese Anforderungen werden oft vom Fachbereich definiert und sollten rechtzeitig – vor Entwicklungsbeginn – allen involvierten Personen zur Verfügung gestellt werden. Dabei beschreiben sie, wie die Software hinsichtlich folgender Merkmale funktionieren soll:

- Angemessenheit
- Richtigkeit
- Interoperabilität
- Ordnungsmäßigkeit
- Sicherheit

Anforderungen werden in der Projektphase „Anforderungsdefinition" gesammelt und schriftlich festgehalten, z.B. in einem Anforderungsdokument. Werden Anforderungen an Dritte gestellt, wie z.B. einem Dienstleister oder einer anderen Abteilung können ein Lasten – oder Pflichtenheft hilfreich sein.

Beispiel einer „funktionale Anforderungen":

Anforderung Nr.: A1110: Der Anwender kann einen Fahrzeugmodell, aus dem jeweils aktuellen Modellprogramm zur Konfiguration auswählen

Anforderungsbasiertes Testen:

Beim anforderungsbasierten Testen wird zu jeder Anforderung mindestens ein funktionaler Testfall abgeleitet und in der Testspezifikation dokumentiert. Herbei stehen die Systemfunktionen im Vordergrund.

Geschäftsprozessbasiertes Testen:

Bei diesem Testverfahren basieren die Anforderungen auf den direkten Geschäfts Prozessen des Unternehmens. Beispiel: „KFZ-Konfigurator eines Autohändlers". Beim geschäftsbasierten Testen können mehrere Testfälle, ähnlicher Gattung, zu Testsequenzen gebündelt werden.

Nicht funktionaler Test

Der nichtfunktionale Test bezieht sich auf die technischen Merkmale der Software, die für die Abnahme durch den Kunden relevant sind. Nicht funktionale Merkmale sind hierbei unter anderem:

- Zuverlässigkeit
- Benutzbarkeit
- Effizienz
- Änderbarkeit
- Übertragbarkeit

Testmöglichkeiten

Um die funktionalen Merkmale testen zu können existiert eine große Bandbreite an Testmöglichkeiten. Für viele dieser Testmöglichkeiten werden weitere Tools und Simulatoren benötigt, die unter anderem auch Lizenzkosten beinhalten.

- Last Test: Test des Systemverhalten bei steigender Systemlast
- Performancetest: Simulation steigende Anfragen zum Test der Verarbeitungs-Geschwindigkeit
- Volumen/ Massentest: Verhalten des Systems in Abhängigkeit zur Datenmenge
- Stresstest: Test der Software Stabilität : bei bspw. Dauerbetrieb und / oder steigender Last
- Sicherheitstests: Test von unberechtigten Systemzugänge / Datensicherheit / Einsatz von „ethnical Hackern"
- Test auf Robustheit der Software
- Test auf Kompatibilität: Ist die neue Software kompatibel zu bestehender Software, die bereits existiert?
- Test unterschiedlicher Konfigurationen: Änderung der Bildschirmauflösung / Darstellung
- Test auf Benutzerfreundlichkeit

Strukturbezogener Test
- Strukturierter Test , White Box-Verfahren
- Basiert auf innerer Struktur
  - Kontrollfluss innerhalb der Komponenten
- Vorwiegend in:
  - Komponententest
  - Integrationstest

Änderungsbezogener Test
- **Regressionstest:** erneuter Test eines bestehenden Programms- nach Anpassungen oder Änderungen, um zu prüfen, dass keine neuen Defekte aufgetreten sind und die Qualität beibehalten werden konnte.
  - Häufig werden Regressionstests automatisiert
- Umfang der Regressionstests:
  - Wiederholung der Tests die Fehlerwirkungen erzeugt haben.
  - Test aller Teile die verändert worden sind oder neu hinzukamen.
  - Komplettes System
- Bei der Änderung von Komponenten, werden oft die Tests der nachfolgenden Komponenten, welche darauf aufbauen versäumt.
- **Vollständiger Regressionstest:**
  - Bietet mehr Sicherheit, um die Qualität des Softwareprodukts, nach einer Änderung zu garantieren.
  - Die Entwicklung vollständiger Regressionstests ist sehr zeitaufwendig und damit teuer.
- **Auswahl verschiedener Testverfahren:**
  - Wiederholung von Tests mit hoher Priorität
  - Verzicht auf Sonderfälle
  - Einschränkungen auf bestimmte Konfigurationen (Bsp.: Sprache nur auf Englisch, auf bestimmten Internet Browser beschränken)
  - Einschränkung auf bestimmte Teilsysteme

Statischer Test
Unter einem Statischen Test versteht man die Analyse eines Testobjektes (eines Dokumentes oder eines Programmcodes) um die Qualität des Objektes zu verbessern. Dies wird durch ein Review Prozess ermöglicht.

Reviews:
Unter einem Review versteht man die Prüfung von Dokumenten, anhand zuvor festgelegter Kriterien, durch ein Review-Team. Grundsätzlich können alle Arten von Dokumenten, einem Review unterzogen werden (Verträge, Anforderungen, Konzepte, Planungsdokumente, Testfallbeschreibungen). Review Prozesse sind wichtige Mittel zur Sicherung der Qualität und zur Herbeiführung eines gemeinsamen Verständnisses unter den Stakeholdern, welche so früh wie möglich durchgeführt werden sollten.

Positive Auswirkungen von Reviews:

- Kostengünstige Fehlerbeseitigung
- Entwicklungszeiträume verkürzen sich
- geringere Kosten während dem Softwarelebenszyklus
- reduzierte Fehlerhäufigkeit im Einsatz eines Systems
- Wissensaustausch unter den beteiligten Personen, insofern das Review im Team durchgeführt wird
- Eine klare und verständliche Darstellung ist Voraussetzung für ein erfolgreiches Review
- Das gesamte Team soll sich für die Qualität des Testobjekts verantwortlich fühlen.
- Einsparung der Kosten von ca. 10 – 15 % bei erfolgreicher Review-Prozess-Einführung
- Bis zu 70 % der Fehler in einem Dokument können gefunden werden

Potenzielle Probleme bei der Durchführung von Reviews:

- schlecht durchgeführte Review Sitzungen laufen Gefahr, dass die Sachlichkeit verloren geht und u.U. die Persönlichkeit von Projektmitgliedern verletzt wird. (Wertung des Entwicklers, anstelle des Testobjektes)
- Eine erfolgreiche sehr formale Review-Sitzung erfordert die Rolle eines Moderators, welcher die Review Sitzung steuert und koordiniert.
- Eine fehlerhafte Ressourcenplanung oder schlechte Zeitplanung, kann einen erfolgreichen, Review Prozess verhindern und zeitaufwendige Nacharbeiten mit sich bringen.
- Scheitern Reviews an der fehlenden Vorbereitung, liegt es meist an der falschen Auswahl der Review-Gutachter.
- Fehlende Unterstützung durch das Management durch Ressourcen (Zeit , Budget usw.)

Wichtigste Erfolgsfaktoren:

- Definieren sie Ziele, die im Zuge des Review Prozesses verfolgt werden sollen. z.B.: Prüfung des Dokuments auf die Qualitätsmerkmale der zu entwickelnden Software oder Prüfung des Dokuments auf vertragsrelevante Pflichten eines Vendors.
- Reviews dienen zur Verbesserung von Dokumenten, es werden Fehler aufgezeigt
- Es soll erreicht werden das Autoren eines Dokuments positive Erfahrungen aus dem Review ziehen und sich nicht persönlich „getestet" vorkommen, sondern lediglich ihre Arbeit durch den Input anderer Fachexperten verbessert wird.
- In Abhängigkeit zum fachlichen Know-How und in Abhängigkeit des zu prüfenden Prüfobjektes, ist die passendste Review Methode auszuwählen.
- Checklisten und Richtlinien erhöhen die Effektivität des Reviews
- Das Management kann ein erfolgreiches Review durch genügend Ressourcen (Personal und Zeit) unterstützen.
- Das Ständige Lernen aus durchgeführten Reviews, schafft Erfahrung, welche an andere Mitarbeiter weitergegeben werden kann durch Schulungen etc.

Grundlegende Vorgehensweise zur Planung eines Reviews

Es gibt unterschiedliche Arten von Review, die mehr oder weniger Formalien verlangen. Die Review Arten lernen sie im weiteren Verlauf des Dokumentes kennen.

Die folgenden Phasen dienen der grundlegenden Vorbereitung eines Reviews und können für alle Arten angewandt werden:

1. **Planungsphase**
    a. Welche Dokumente sollen geprüft werden?
    b. Auswahl des Review-Verfahrens

      c. Aufwand / Bestimmung des Review-Teams mit unterschiedlichen Sichtweisen (Wen benötige ich, damit mein das Review erfolgreich durchgeführt werden kann)

2. **Vorbereitungsphase**
   a. Für sehr formale Reviews können Vorbesprechungen mit einzelnen Teilnehmer(kreisen) sinnvoll sein.
   b. Versand der Einladung an alle Review Teilnehmer mit dem zu prüfenden Dokument bzw.: den Verweis auf das Prüfobjekt.
   c. Sicherstellen, dass jeder Teilnehmer genug Zeit hat, um sich auf das Review vorzubereiten (das Prüfobjekt muss für alle Teilnehmer einsichtig sein)

3. **Durchführungsphase**
   a. Das Prüfobjekt soll geprüft werden, jedoch sollte nicht der Autor kritisiert werden.
   b. Mögliche Ergebnisse eines erfolgreichen Reviews sind:
      i. Dokument ok
      ii. Dokument muss überarbeitet werden
      iii. Dokument muss neu verfasst werden
   c. Ein Protokoll muss erstellt werden, mit der Ergebnis- Übersicht und den beteiligten Personen.

4. **Nachbearbeitung**
   a. Das Management entscheidet ob der Empfehlung des Protokolls gefolgt oder andere Vorgehensweisen durchgeführt werden.

5. **Wiedervorlagephase**
   a. Diese Phase beinhaltet einen erneuten Review Prozess, allerdings mit dem Ziel, nur die Änderungen am Dokument zu prüfen. Die Wiedervorlagephase muss, wie die vorangegangene Review Phase geplant und gesteuert werden.

Rollen und Verantwortlichkeiten:

Manager
- Auswahl der Dokumente (Prüfobjekte), welche durch einen Review Prozess laufen sollen.
- Verantwortlich für die Zusammenstellung des Review-Teams
- sollte kein Mitglied des Review-Teams sein, weil er eventuell den Autor bewertet und nicht das Dokument

Moderator
- Der Moderator eines Reviews bestimmt den Ablauf und die Koordination des Reviews
- Er ist verantwortlich für die Protokollierung der Ergebnisse eines Review Prozesses
- Muss diplomatisch und neutral vorgehen

Autor:
- Ersteller des Dokuments
- Stellt das Review Objekt dem Teilnehmerkreis eines Reviews vor.

Gutachter:
- Reviewer oder Inspektoren, welche die Dokumente bewerten und qualitätssichern
- Gutachter sollten fachliche Experten sein, bezogen auf die Thematik des Prüfobjektes
- Dokumentation der Mängel

Protokollant:
- Erstellung eines knappen und präzisen Protokolls der Review Sitzung.

Review Arten:

Walkthrough: *(durchgehen) manuelle Prüfmethode um Fehler/ Defekte zu finden*
- Der Autor präsentiert den Gutachtern, innerhalb des Reviews das Prüfobjekt.
- Verteilung des Wissens / Prüfung auf Einhaltung der Spezifikationen
- Das Nachvollziehen einer typischer Benutzungssituationen (Szenarien) steht im Vordergrund des Reviews.
- Ein Walkthrough ist vor allem für kleinere Entwicklerteams geeignet da es weniger formell ist.
- Der Autor kann auch Moderator sein. Deshalb kann es passieren, dass er die Prüfung seiner Dokumente nicht kritisch genug sieht und Nachprüfungen quasi nicht ernst nimmt.

Inspektion: *folgt einem formalen Ablauf (auch Design oder Code-Softwareuntersuchung)*
- Jede beteiligte Person hat eine definierte Rolle auszuführen
- Ziel: Finden von Fehlern und Defekten / Unklarheiten
- Die spezifischeren Review-Ziele werden bei der Planung festgelegt und an alle Teilnehmer kommuniziert
- Das Prüfobjekt wird vor dem Review auf Review-Fähigkeit überprüft anhand von übergreifenden Projektnormen (Schriftgröße, Vorgaben etc.)
- Zusätzliche Bewertung und Entwicklung des Inspektionsprozesses.

Technisches Review: *Übereinstimmung des zu prüfenden Dokuments mit den Spezifikationen*
- Vorbereitungsphase: Erfüllt das Prüfobjekt seinen Zweck?
- Einbindung von Fachexperten als Gutachter, eventuell auch aus anderen Projekten, um der „Blindheit" vorzubeugen.
- Die Prüfkriterien werden im Vorfeld schriftlich festgehalten und kommuniziert.
- Ergebnis muss schriftlich festgehalten werden und von allen Teilnehmern unterschrieben werden bzw. akzeptiert sein

Informelles Review: *abgeschwächte Version des Reviews*
- Einfaches Gegenlesen von Prüfobjekten durch andere Projekt-Mitarbeiter
- Schriftliche Rückmeldung mit einer Liste der Anmerkungen genügt
- Andere Formen:
    - „Pair programming" (paarweises Programmieren)
    - „Buddy testing" (gegenseitiger Test unter Kollegen)
    - „Code swaps" (Austausch von Programmtexten)
    - Hohe Akzeptanz und weite Verbreitung

Auswahl der geeigneten Review Methode:

Reviews können firmenspezifischen Ausprägungen und Prozesses unterliegen. Somit kann bei bestimmten Dokumentenarten der Review Prozess bereits durch das Unternehmen festgelegt sein. Review Prozesse können auch auf die jeweiligen Projekte zugeschnitten werden um somit ihr Wirkungsgrad zu verbessern. Bei einem verteilten Projektteam kann ein Review auch mit Hilfe moderne Kommunikationsmittel durchgeführt werden.

Weitere Kriterien zur Auswahl des geeigneten Review Prozesses können sein:

- Die Form, in welcher das Resultat des Reviews vorliegen soll,
- Terminkoordination: Fachkräfte sind schwierig zu einem Termin zu verpflichten.
    - Berücksichtigung von Fachwissen aus mehreren Gebieten erforderlich?
    - Wie umfangreich muss das Fachwissen der Gutachter sein?
    - Vorbereitungsaufwand in einem angemessenen Verhältnis?
    - Formulierungsgrad des Prüfobjektes?
    - Unterstützung durch das Management vorhanden?

Die Statische Analyse dient dem Aufdecken von Fehlerwirkungen, ähnlich wie beim Review – z.B.: von Dokumenten, mit Hilfe von Werkzeugen (Bsp.: Rechtschreibprüfung in Word, Compiler in der Entwicklungsumgebung). Hierbei werden keine Prüfobjekte oder Programme ausgeführt und das zu prüfende Dokument muss nach einem gegebenen Formalismus aufgebaut worden sein. Somit stehen Review und statische Analyse eng miteinander zusammen.

Wird vor einem Review eine statische Analyse vorgenommen, können viele formale Fehler bereits vor dem Review-Prozess gefunden und beseitigt werden. Statische Analysen sollten generell immer durchgeführt werden, auch wenn kein Review angesetzt wird.

Dennoch können nicht alle Fehler durch die statische Analyse aufgedeckt werden, z.B.: fehlende oder falsche Anforderungen.

Die folgenden Nachweisbaren Fehlerzustände, können mit einer statischen Analyse des Programmcodes nachgewiesen werden:

- o Verletzung der Syntax
- o Konventions- und Standardabweichungen
- o Kontrollflussanomalien
- o Datenflussanomalien
- o Nachweis von Sicherheitsverstößen (Bsp.: fehleranfällige Programmteile werden verwendet etc.)

Compiler als statisches Analysewerkzeug

- o Erstellung der Verwendungsnachweise
- o Prüfung der typgerechten Verwendung der Daten und Variablen
- o Ermittlung von nicht deklarierten Variablen
- o Nicht erreichbarer Programm-Code
- o Über- und Unterschreitung von Feldgrenzen
- o Prüfung der Konsistenz von Schnittstellen
- o Prüfung der Verwendung aller Marken als Sprunganweisungen und Sprungziel

Prüfung der Einhaltung von Konventionen und Standards (mit Hilfe von Analysatoren)

- o Werden Vorschriften oder Programmierkonventionen eingehalten?
- o Benötigt wenig Zeit und wenig Personalressourcen
- o Es sollten nur Richtlinien in einem Projekt zugelassen werden, zu welchem es auch Prüfwerkzeuge gibt.

Durchführung der Datenflussanalyse

- o Analyse der Verwendung der Daten
- o Datenflussanomalien werden ausfindig gemacht
  - ▪ Eine Anomalie ist eine Unstimmigkeit, die zu einer Fehlerwirkung führen kann, aber nicht zwangsläufig dazu führen muss.
  - ▪ Beispiel: *Die Nichtverwendung eines Wertes einer Variable*
- o Folgenden Zustände der Variablen werden unterschieden:
  - ▪ Definiert(d): Die Variable erhält einen Wert zugewiesen.
  - ▪ Referenziert(r): Der Wert der Variable wird verwendet bzw. gelesen.
  - ▪ Undefiniert (u): Die Variable hat keinen definierten Wert.

- o Datenflussanomalien:
    - ▪ UR-Anomalie: Ein undefinierter Wert (u) wird auf einem Programmpfad gelesen (r).
    - ▪ DU-Anomalie: Die Variable enthält einen Wert (d), der allerding ungültig (u) wird, ohne das er zwischenzeitlich verwendet wurde.
    - ▪ DD-Anomalie: Die Variable erhält auf einem Programmpfad ein zweites Mal einen Wert (d), ohne dass der erste Wert (d) verwendet wurde

- • Beispiel:

```
Void tausch (int&Min, int&Max)
  Int Hilf;
  If (Min > Max)  {
      Max = Hilf;       // UR-Anomalie, da Hilf keinen Wert
                        // zugewiesen bekommen hat und dennoch
                        // referenziert wird
      Max = Min;        // DD-Anomalie, da diese Variable,
                        // nacheinander zwei Werte zugewiesen
                        // bekommt, ohne das der Wert
                        // zuvor referenziert wurde
      Hilf = Min;       // DU-Anomalie, da Variable einen Wert
                        // zugewiesen bekommt, ohne das
                        // Dieser verwendet wird.
```

Durchführung der Kontrollflussanalyse

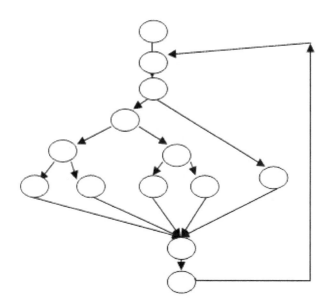

Kontrollflussgraph zur Berechnung der zyklometrischen Zahl:

- o Kontrollflussanomalien:
    - ▪ Durch die Veranschaulichung des Kontrollflussgraphen lassen sich die Abläufe durch ein Programmteil leicht erfassen und mögliche Anomalien feststellen.
    - ▪ Diese Unstimmigkeiten (Sprünge und Anweisungen) müssen keine Fehler sein, können aber u.U. den Grundsätzen der strukturierten Programmierung widersprechen.
    - ▪ Graphen werden mit einem Werkzeug erstellt.
    - ▪ Ist der erstellte Graf sehr unübersichtlich, sollte man diesen noch einmal überarbeiten.

Ermittlung von Metriken

Mit den Werkzeugen für statische Analysen können Messwerte geliefert werden, die dazu dienen Qualitätsmerkmale zu messen. Dadurch ist es möglich, aus einer Abstraktion: „Software", quantitative Aussagen zu entwickeln und zu bewerten. Durchgängig durchgeführte Metriken und Messwerte sind erst im Vergleich zu früheren Messungen aussagekräftig.

Zyklometrische Zahl

- o Misst die strukturelle Komplexität des Quellcodes
- o Grundlage zur Berechnung der zyklometrischen Zahl ist der Kontrollflussgraph
- o Berechnung der Zyklometrischen Zahl für einen Kontrollflussgraphen G eines Programms:
  - **$V(G) = e$ (Anzahl der Kanten und Kontrollflussgraphen) $- n$ (Anzahl der Knoten des Kontrollflussgraphen) $+ 2$**
  - **Beispiel anhand der Grafik (oben) :**
    - Anzahl der Kanten und Kontrollflussgraphen = 17
    - Anzahl der Knoten des Kontrollflussgraphen = 13
  - Ist der ermessene Wert > 10, ist das Ergebnis nicht tolerable und eine Überarbeitung sinnvoll.

Die zyklometrische Zahl kann genutzt werden, um Abschätzungen in Bezug auf Testbarkeit und Wartbarkeit des Programmteils vorzunehmen. Die zyklometrische Zahl gibt die **Anzahl der unabhängigen Pfade** im Programmstück an. Je höher die zyklometrische Zahl desto schwieriger wird es das Programmstück zu testen und in Zukunft zu warten. Dies kann u.U. zur Nichterfüllung geforderter Qualitätsmerkmalen beitragen, wie z.B. Wartbarkeit

Dynamischer Test

Während bei einem statischen Test das Testobjekt nicht zur Ausführung kommt, wird bei einem dynamischen Test das Testobjekt (Programmteil) zur Ausführung gebracht um das verhalten hinsichtlich der Anforderungen hin zu prüfen. Vorwiegend sollen Programmfehler erkannt werden, die in Abhängigkeit von dynamischen Laufzeitparametern auftreten, wie variierende Eingabeparameter, Laufzeitumgebung oder Nutzer-Interaktion.

Bei Komponententests und Integrationstests liegt oft noch kein ablauffähiges Programm vor, deswegen wird hier ein **Testrahmen** benötigt. Ein Testrahmen versorgt einzelne Programm-Bausteine mit Testdaten versorgt und simuliert die notwendigen Schnittstellen.

Ziel des dynamischen Testens ist es, Abweichungen und Fehlerwirkungen im Testobjekt nachzuweisen. Dabei ist systematisches und schrittweises Vorgehen bei der Erstellung der Testfälle notwendig.

- Festlegen von Bedingungen und Voraussetzungen für den Test
- Spezifizieren einzelner Testfälle
- Planung und Festlegung der Testausführung

Die dynamischen Verfahren lassen sich wie folgt kategorisieren:

- Black-Box-Verfahren *(Maskentests)*
  - o Testobjekt wird als schwarzer Kasten angesehen
  - o Über den Programmtext und den inneren Aufbau sind keine Informationen erforderlich
  - o Eingabe- sowie Ausgabe- Daten sind essentiell für diesen Test.
  - o Funktionale oder spezifikationsbasierte Testverfahren, da Prüfung auf spezifiziertes Ein- und Ausgabeverhalten erfolgt
  - o Geeignet für höhere Teststufen
- White-Box-Verfahren
  - o Es wird auch auf den Programmtest zugegriffen
  - o Analyse des inneren Ablaufes

- o Testfälle könne aufgrund der Programmstruktur gewonnen werden
- o Strukturelles Testverfahren, da die Struktur des Testobjektes berücksichtigt wird
- o Besonders gut geeignet für: Komponententests und Integrationstests.

Im folgenden Verlauf des Dokumentes werden die unterschiedlichen Verfahren näher beschrieben.

Black-Box-Verfahren

Das Blackbox Verfahren betrachtet das Testobjekt von außen, mit Hilfe von Eingabe und Ausgabeparametern. Der innere Aufbau des Testobjektes ist nicht bekannt. Die Testfälle für dieses Verfahren werden aus den Anforderungen abgeleitet. Das Verfahren unterteilt sich in die nachfolgenden Testmethoden:

Äquivalenzklassenbildung:

Bei der Äquivalenzklassenbildung werden Ein- und Ausgabebereiche in Äquivalenzklassen unterteilt. Unter Daten einer Äquivalenzklasse gehören alle Ein- und Ausgabedaten, bei denen sich das Testobjekt bei Eingabe gleich verhält. Da die Testfallmenge beim Test aller Daten aus einer Klasse extrem ansteigen kann, ist es sinnvoll lediglich ausgewählte Repräsentanten einer Äquivalenzklasse und die Grenzstellen der Äquivalenzklassen zu testen.

Beispiel: *Es soll ein Tool entwickelt werden, welche die Bonuszahlung an Mitarbeiter errechnet. Diese Bonuszahlung ist abhängig von der Dauer der Firmenzugehörigkeit des Mitarbeiters:*

Klasse 1:	*200 € bei*		*0- 4*	*Jahren Betriebszugehörigkeit*
Klasse 2:	*300 € bei*	*>*	*4 – 6*	*Jahren Betriebszugehörigkeit*
Klasse 3:	*500 € bei*	*>*	*6 – 10*	*Jahren Betriebszugehörigkeit*

Beispiel zur Erstellung einer Äquivalenzklasse mit gültigen Eingabewerten:

Parameter	Äquivalenzklasse	Repräsentant
Firmen-Zugehörigkeit	Klasse1: $0 <= x <= 4$ Klasse2: $4 <= x <= 6$ Klasse3: $6 <= x <= 10$	3 5 7

Beispiel zur Erstellung einer Äquivalenzklasse mit ungültigen Eingabewerten:

Parameter	Äquivalenzklasse	Repräsentant
Firmen-Zugehörigkeit	Klasse1: $x < 0$ (negative Betriebszugehörigkeit) Klasse2: $x > 70$	-3 80

Systematische Herangehensweise

Für jede zu testende Eingabevariable wird der dazugehörige Definitionsbereich ermittelt.
Dieser Definitionsbereich ist die Äquivalenzklasse aller zulässigen bzw. erlaubten Eingabewerte, welche das Programm laut Spezifikation verarbeiten können muss.
Werte, welche außerhalb der oben genannten Äquivalenzklasse sind ungültige Werte. Auch hier gilt es zu prüfen, wie sich das Testobjekt verhält, bei Eingabe dieser „ungültigen" Werte.
Eine Aufteilung in unterschiedliche Äquivalenzklassen ist Bezogen auf die Spezifikationen an das Testobjekt sinnvoll. Im weiteren Verlauf können für jede Klasse Repräsentanten gewählt werden (siehe oben),

welcher alle Parameter einer Klasse gleichwertig repräsentieren kann. Diese Methode kann genutzt werden, um die Testfallanzahl zu reduzieren, da die Testabdeckung für die Äquivalenzklassenbildung, durch den Test der Repräsentanten zu 100% erfüllt ist. Ebenso können Äquivalenzklassen, mit den dazugehörigen Repräsentanten, auch für Ausgabewerte definiert werden. Weitere wichtige Testparameter stellen die Grenzen der Äquivalenzklassen dar. Die Methode der „Grenzwertanalyse" wird im weiteren Verlauf dieses Skriptes beschrieben.

Vorgehensweise zur Erstellung von Testfällen
Im Folgenden wird eine Möglichkeit zur Erzeugung von Testfällen, anhand des Tools: *„Bonuszahlung an Mitarbeiter"* beschrieben.

- ❖ Die Repräsentanten aller gültigen Äquivalenzklassen sind zu Testfällen zu kombinieren
  Beispiel:
  Test Set 1: Äquivalenzklasse gültige Eingabewerten: **3** und **5** und **7**

- ❖ Die Repräsentanten aller ungültigen Äquivalenzklassen sind nur mit Repräsentanten von gültigen Äquivalenzklassen zu Testfällen zu kombinieren. Für jede ungültige Äquivalenzklasse ist somit ein separater Negativ-Testfall zu spezifizieren
  Beispiel:
  Test Set 2: Äquivalenzklasse ungültige Eingabewerten: **-3** und 3 (als gültiger Wert)
  Test Set 3: Äquivalenzklasse ungültige Eingabewerten: **80** und **2**

Festlegung des Testende-Kriteriums
Das Testende Kriterium der Äquivalenzklassen-Überdeckung lässt sich anhand der durchgeführten Tests der Repräsentanten der jeweiligen Äquivalenzklassen errechnen:

$$\text{Ä.K.-Überdeckung (x)} = x = \frac{\text{Durchgeführte Testfälle}}{\text{Gesamttestfälle}} * 100\%$$

- Beispiel: Sind 18 Äquivalenzklassen ermittelt worden und wurden bereits 15 in Testfällen getestet erreicht man eine **Äquivalenzüberdeckung**:
$$x = \frac{15}{18} * 100\% = 83,33\%$$
- Je intensiver ein Testobjekt getestet wurde, desto höher ist die Ä.K.-Überdeckung.
- Wird eine Überdeckung von 83,33% festgelegt, ist der Test nach 15 Tests abgeschlossen und kann beendet werden.
- Das Ergebnis spiegelt nicht die tatsächliche Testintensität wieder, denn die Testfallermittlung mit Hilfe der Äquivalenzklassenbildung ist nur so gut, wie die Bildung der Äquivalenzklassen vorgenommen wurde.

Einschätzung der Methode
Die Systematik der Äquivalenzklassenbildung trägt mit dem Test der Repräsentanten dazu bei das alle Anforderungen hinsichtlich Ein- und Ausgabewerten abgedeckt sind, sowie keine unnötigen Tests durchgeführt werden. Äquivalenzklassen lassen sich nicht nur für Ein- und Ausgabewerten definieren, sondern auch für Programmzustände und zeitabhängige Werte.

Grenzwertanalyse

Eine sinnvolle Ergänzung zu den Testfällen aus der Äquivalenzklassenbildung ist es die deren „Grenzen" zu testen da hier häufig Fehlerzustände auftreten. Bei der Grenzwertanalyse werden die Grenzwerte jeder Äquivalenzklasse getestet (Werte dicht Innerhalb und Außerhalb der Grenzen). Bei den Ein- und Ausgabebereichen sind die Grenzen und die benachbarten Werte außerhalb des Bereichs heranzuziehen

Vorgehensweise zur Erstellung von Testfällen

Im Folgenden wird eine Möglichkeit zur Erzeugung von Testfällen, anhand des Tools: *„Bonuszahlung an Mitarbeiter"* beschrieben.

❖ Grenzwerte anhand einer Grenzwertanalyse zu Testfällen kombinieren
   Beispiel:
   Test Set 4: Test der Grenzwerte: *-0,1; 0; 0,1*
   Test Set 5: Test der Grenzwerte: *3,9; 4; 4,1*
   Test Set 6: Test der Grenzwerte: *5,9; 6; 6,1*
   Test Set 7: Test der Grenzwerte: *6,9; 7 ; 7,1*

Einschätzung der Methode:

Die Grenzwertanalyse soll in Verbindung mit der Äquivalenzklassenbildung erfolgen, da an den Grenzen der Äquivalenzklassen häufig Fehlerwirkungen nachzuweisen sind. Das Verfahren erwartet hohe Kreativität und das Vorhandensein der vollständigen Anforderungen.

Zustandsbezogener Test

Beim zustandsbezogene Test werden die Testfälle aus einer in Form eines Zustandsautomaten vorliegenden Spezifikation abgeleitet. Der zustandsbezogene Test kommt zur Anwendung, wenn neben den Eingabewerten auch der bisherige Ablauf eines Systems Einfluss auf das Systemverhalten hat. Das Testobjekt kann ein komplettes System mit unterschiedlichen Zuständen aber auch eine Klasse mit verschiedenen Zuständen in einem objektorientierten System sein. Zur Veranschaulichung des Zustands und der Historie werden Zustandsmodelle verwendet.

Beispiel: Es soll eine Software für einen Tellerstapelautomat entwickelt werden, welche genau drei Zustände haben kann: `[leer]`*;* `[gefüllt]`*;* `[voll]` *. Als Funktionen sollen folgende implementiert werden: einen Teller dem Stapel hinzufügen (push); einen Teller dem Stapel entnehmen (pull)*

Der Zustand ist abhängig von den bisherigen Eingaben im System. Jeder Zustand hat unterschiedliche Funktionen:

Zustände	Mögliche Funktionen in diesem Zustand
`[leer]` • Teller kann hinzugefügt werde	*Push (Teller = Teller + 1)*
`[gefüllt]` • Teller kann hinzugefügt werden • Teller kann weggenommen werden	*Push (Teller = Teller + 1)* *Pull (Teller = Teller - 1)*
`[voll]` • Teller kann weggenommen werden	*Pull (Teller = Teller - 1)*

Vorgehensweise zur Erstellung von Testfällen

Im Folgenden wird eine Möglichkeit zur Erzeugung von Testfällen, anhand der Software „Tellermaschine" beschrieben.

Testszenario: Angenommen, die Tellermaschine ist leer und im Status `[leer]` bei einer schrittweisen Belegung mit 4 Tellern `[gefüllt]` ist die maximale Höhe unserer Stapelmaschine erreicht und der Zustand ist `[voll]`.

Der folgende Testfall bildet das Testszenario ab und prüft, ob alle Zustände erreicht werden:

Testfall:
```
Initialer Zustand:  [leer],
```
Funktion: `push` **Zustand:** `[gefüllt],`

Funktion: `push` **Zustand:** `[gefüllt],`

Funktion: `push` **Zustand:** `[gefüllt],`

Funktion: `push` **Zustand:** `[gefüllt],`
```
Ende Zustand        [voll]
```

Ein zustandsbezogener Test sollte alle möglichen Funktionen die erreicht werden können, mindestens einmal abbilden. Zur Ermittlung der Testfälle kann aus dem Zustandsdiagramm ein **Übergangsbaumdiagramm** erstellt werden, welches die möglichen Zustände, ausgehend vom Initialzustand grafisch abbildet.

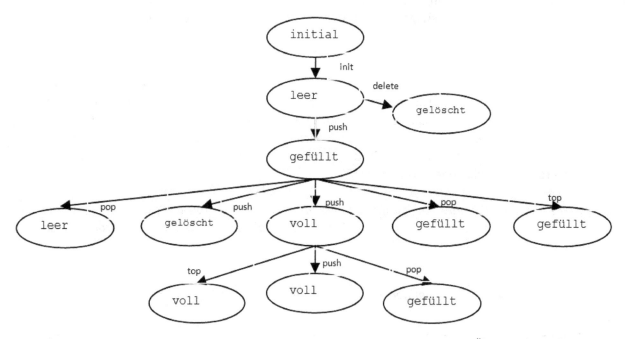

Übergangsbaumdiagramm

Das Übergangsbaumdiagramm stellt alle möglichen Funktionen und Zustände (ovale Symbole), vom aktuellen Zustand ausgehend dar. Dabei ist der Anfangszustand mit (inital) gekennzeichnet. Zur vollständigen Definition eines zustandsbezogenen Testfalls gehören folgende Informationen:

- Der Anfangszustand des Testobjekts (initial)
- Die Eingaben für das Testobjekt
- Die erwarteten Ausgaben / Verhalten
- Der erwartete Endzustand

Dabei sind für alle, zu erwartende Zustandsübergänge folgende Aspekte festzulegen:

- Der Zustand vor dem Übergang
- Das auslösende Ereignis, das den Übergang und den jetzigen Zustand bewirkt
- Die erwartete Reaktion , ausgelöst durch den Übergang
- Der nächste erwartete Zustand

<u>Festlegung des Testende-Kriteriums</u>

Bei einem zustandsbezogenen Test soll jeder mögliche Zustand und jeder mögliche Zustandsübergang mindestens einmal durchlaufen werden. Dabei müssen auch die Negativvariante getestet werden, wie z.B., ob spezifikationsverletzenden Zustandsübergänge möglich sind. Falls ja, sollte eine Fehlermeldung erfasst werden.

Bei kritischen Anwendungen ist es möglicherweise notwendig, dass alle Kombinationen von möglichen Zustandsübergängen getestet werden.

<u>Einschätzung der Methode</u>

Ein zustandsbezogener Test sollte angewendet werden, wenn Zustände eine wesentliche Rolle in der Funktion der zu implementierenden Software spielen. Besonders bei sicherheitsrelevanten Systemen kann diese Methode sehr aufwendig werden, da alle möglichen Kombinationen getestet werden müssen. Die Testmethode eignet sich besonders zum Test objektorientierter Systeme.

Ursache-Wirkungs-D-Analyse

Häufig können Abhängigkeiten zwischen Eingabeparametern in einer Darstellung nicht berücksichtigt werden. Innerhalb eines Ursache-Wirkungs-Graphs (UWG) werden Kausalitätsbeziehungen und die logische Beziehung zwischen einer **Ursache** und der **Wirkung** dargestellt. Damit die Methode effizient genutzt werden kann gilt als Voraussetzung, dass Ursachen und deren Wirkungen aus der Spezifikation heraus ermittelt werden können.

Grundlegende Symbole eines U-W-G

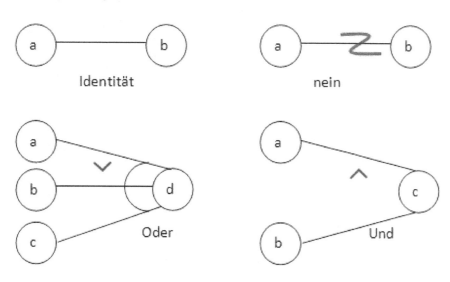

Die oben gezeigten Beispiele beschreiben, wie Objekte in einer Beziehung zueinander stehen können. Auch mehrere Objekte können zu einem Objekt in einer Beziehung stehen (UND / ODER).

Beispiel „Bonuszahlung"

Das Unternehmen möchte gerne seinen langfristig (mindestens 3 Jahre im Unternehmen), festangestellten Mitarbeiter/in einen Bonus auszahlen.

Es wurde festgestellt, das auch viele neue Mitarbeiter/in zum Erfolg des Jahresergebnisses beigetragen haben, deshalb sollen auch, unabhängig von der Art und Dauer der Anstellung, die Mitarbeiter/in einen Bonus erhalten, welche einen Jahresumsatz über 100.000 Euro erwirtschaftet haben.

Aus dem Beispiel ergibt sich der folgende Ursache-Wirkungs-Graph:

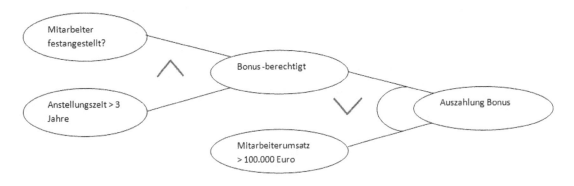

Zur weiteren Spezifikation von Testfällen wird empfohlen, eine Entscheidungstabelle zu erstellen, um die möglichen Wirkungen einer Auswahl besser darstellen zu können.

Entscheidungstabellentechnik

Beispiel „Bonuszahlung"

Am Beispiel aus dem Abschnitt Ursache-Wirkungs-Graphs (UWG) lässt sich folgende Entscheidungstabelle entwerfen:

Bedingungen:	Kombinationsmöglichkeiten							
	K1	K2	K3	K4	K5	K6	K7	K8
Mitarbeiter/in ist festangestellt	J	j	j	j	n	n	n	n
Mitarbeiter/in Beschäftigungsdauer >= 3 Jahre	J	j	n	n	j	j	n	n
Mitarbeiter/in Jahresumsatz >= 100.000 €	J	n	j	n	j	n	j	n
Aktionen								
Bonus wird ausgezahlt	x	x	x		x		x	
Bonus wird nicht ausgezahlt				x		x		x

Eine Entscheidungstabelle ist vollständig, wenn sämtliche Kombinationsmöglichkeiten erfasst worden sind. Bei **n** Bedingungen sind dies **2^n** Kombinationsmöglichkeiten.

In unserem Beispiel ergibt dies: 2^3 = 8 Kombinationsmöglichkeiten. Zu erkennen ist, dass die Zahl der möglichen Kombinationen mit der Anzahl der Bedingungen exponentiell wächst, bei zehn Bedingungen gibt es bereits 2°10 = 1024 Kombinationen. In den meisten Fällen führt dies jedoch nicht zu einer gleich hohen Anzahl an Regeln, da Regeln oft redundant sind.

Um die große Anzahl an Kombinationsmöglichkeiten zu reduzieren ist es sinnvoll redundante Kombinationen zusammenzufassen. Ist dies aus fachlicher Sicht möglich, lässt sich die Entscheidungstabelle konsolidieren.

Testfälle

Aus Entscheidungstabellen lassen sich die Bedingungen und Abhängigkeiten für Ein- und Ausgabedaten darstellen. Liegt eine Entscheidungstabelle vor, können Testfälle einfach aus den Kombinationsmöglichkeiten formuliert werden.

Festlegung der Testende-Kriterien

Minimale Testende Kriterien: Jede Spalte in der Entscheidungstabelle wird durch mindestens einen Testfall abgedeckt (K1 ... K8). Dabei können Kombinationsmöglichkeiten die keinen weiteren Mehrwert bringen konsolidiert werden, um den Testaufwand zu reduzieren.

Der Aufwand für eine Ursache-Wirkungs-Graph Analyse und einer Entscheidungstabelle kann bei komplexen Programmen schnell überhand nehmen und zu Unübersichtlichkeit führen. Um die Masse an Kombinationen pro Entscheidungstabelle zu reduzieren sollten einzelnen Funktionen gesondert betrachten und analysiert werden.

Anwendungs-Fall-basierter Test

Anwendungsfälle beschreiben Szenarien, in denen Benutzer eines Systems (Akteure) ein bestimmtes fachliches Ziel erreichen möchten. Hierbei liegt der Fokus darauf, wie die inhaltliche Zielerreichung durchgeführt werden kann und unterscheidet von konkreten technischen Lösungen. Das Ergebnis eines Anwendungsfalls kann somit entweder positiv (Erfolg) oder negativ (Fehlschlag/Abbruch) sein. Systeme bestehen aus vielen, teilweise voneinander abhängigen Anwendungsfällen. Darstellen lassen sich Anwendungsfälle in Anwendungsfalldiagrammen, deren Struktur innerhalb der UML (Unified Modeling Language) beschrieben wird. Anwendungsfalldiagramme, oder ach „UML UseCase Diagramme" genannt, dienen zur Ermittlung der Anforderungen aus Benutzeranwendungen oder Geschäftsvorfällen.

Folgende Elemente gehören zu einem UML UseCase Diagramm:

Element	Beschreibung	Symbol
Akteur	Akteure sind Personen oder Systeme die Einfluss auf den Prozess innerhalb eines Systems haben und mit Diesem interagieren. Sie werden außerhalb der Systemgrenze des Systems dargestellt.	
System-grenze	Innerhalb einer Systemgrenze stehen die UseCases, mit denen die Akteure, außerhalb des Systems interagieren. Die Grenze wird mit einem Rahmen um die UseCases des Systems dargestellt.	
Assoziation	Verbindung zwischen den Akteuren und den UseCases, an welchen sie beteiligt sind.	
UseCase	Ein UseCase beschreibt die Interaktion des Akteurs mit einem System. Hierbei werden nur die wesentlichen Interaktionen als UseCase abgebildet, die für das Anwendungsbeispiel von Bedeutung sind.	
<<include>>	Eine include – Beziehung zwischen zwei UseCase-Elementen beschreibt, dass der inkludierte UseCase immer – automatisch - ausgeführt wird, sobald der UseCase davor ausgeführt wird. **Beispiel**: UseCase: „Fahrzeug starten" inkludiert eine automatische Überprüfung des UseCases: „Fahrzeugsystems prüfen", durch das System.	<<include>>
<<extend>>	Eine „extend – Beziehung" (Erweiterung) zwischen zwei UseCase-Elementen beschreibt, dass der UseCase in Richtung des „extend" immer optional durchgeführt werden kann. Dabei handelt es sich um eine Erweiterung des vorangestellten UsesCases. Dieser muss einen Erweiterungspunkt „extention point" besitzen, an welchen der erweiterte UseCase anknüpfen kann.	UseCase **A** UseCase **B** <<extend>> extention point: **B**

Da es sich bei einem UML UseCase Diagramm um eine Modellierungssprache handelt - deren Zweck darin besteht komplexe Prozesse möglichst einfach - mit den Stakeholdern abzubilden, sollte der Übersicht halber auf include- , sowie extend- Beziehungen verzichtet werden.

Beispiel: Neuanschaffung „Lesegerät" einer Logistikfirma

Eine Logistikfirma plant die Entwicklung eines neuen Paket-Erfassungssystems zum Scannen und Verwalten von Paketen. Hierzu wurde bereits von der Fachabteilung Anwendungsfälle „innerhalb eines UML UseCase Diagramms" spezifiziert.

Folgende wichtige Akteure konnten dabei identifiziert werden: Mitarbeiter/innen, Administrator

Die Funktion wurde auf Basis folgender Anforderungen abgebildet:

- Mitarbeiter/ innen können sich den Lesegerätestatus anzeigen lassen
- Mitarbeiter/ innen können sich die Protokolldaten zu einem Paket anzeigen lassen
- Ein Administrator kann Lesegeräte anmelden und abmelden
- Ein Administrator kann Zugangsberechtigungen an einem Lesegerät setzten
- Ein Administrator kann einen Funktionscheck für ein Lesegerät durchführen. In diesem Fall wird stets der Status des Lesegerätes angezeigt

Folgendes Anwendungsfalldiagramm, im Format eines UML Use Cases, bildet die beschriebenen Ziele der Akteure ab:

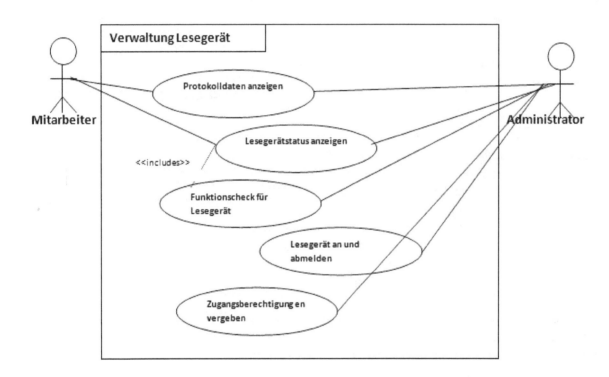

Anwendungsfalldiagramm: „Lesegerät" einer Logistikfirma

Anwendungsfalldiagramme eignen sich zur Ermittlung von fachlichen, anwendungsfallbasierten Testfällen. Dabei dienen sie als Grundlage, für die Testfallerstellung von z.B.: System und Akzeptanztests. Konkrete Ein- und Ausgabedaten lassen sich allerdings nicht aus den Diagrammen direkt ableiten.

Folgende Informationen können aus Anwendungsfalldiagrammen für die Testfallerstellung verwendet werden:

- Ausgangssituation und Vorbedingungen von Aktionen (zum Beispiel aus <<include>> / <<extend>> Verbindungen)
- Randbedingungen
- Nachbedingungen des Testfalls

Mögliche Beispiele von Akzeptanztests zum oben genannten Anwendungsfall wären:

- Ein Mitarbeiter scannt ein Paket ein, welches bereits im angebundenen System des Logistikunternehmens erfasst wurde. Der Scanner zeigt die Protokolldaten des Paketes an.
- Ein Administrator kann nach erfolgreicher Eingabe seiner Legitimationsdaten als Administrator, den Scanner an- und abmelden.

Festlegung der Testend-Kriterien:
Um das Testende zu erreichen, muss jeder Test zu einem Anwendungsfall mindestens einmal in einem Testfall durchgeführt werden.

Einschätzung der Methode:
Der anwendungsfallbasierte Test ist gut geeignet für fachliche Test wie: Akzeptanztest & Systemtest. Im Fokus stehen hier die fachlichen Ziele des Benutzers und nicht die technischen Aspekte.

Allgemeine Einschätzung der Blackbox-Verfahren
Der Test mittels Blackbox Verfahren eignet sich, um fachliche Anforderungen zu testen. Die Testfälle können, noch bevor die Entwicklung begonnen hat, aus den Anforderungsspezifikationen abgleitet und erstellt werden. Ändern sich Anforderungen, müsse die Testfälle ebenso angepasst werden. Die Testdurchführung dagegen, kann bei Blackbox Verfahren erst beginnen, wenn eine tastbare Software zur Verfügung steht. Einzelne Methoden und Unterfunktionen können möglicherweise nicht frühzeitig getestet werden.
Sind fehlerhafte Spezifikationen Grundlage der Implementierung kann dies durch Blackbox Test Verfahren nicht erkannt werden. Aus diesem Grund, sollten Anforderungen frühzeitig durch Review-Verfahren geprüft und durch die Stakeholder abgenommen werden – bevor mit der Erstellung von Blackbox- Testfällen begonnen wird.

White-Box-Verfahren

Die Grundlage der White-Box-Verfahren ist der Programmtext, also der Quellcode des zu testenden Objektes. Deshalb handelt es sich dabei um ein „Code-basiertes Testverfahren". Der Programmtext muss vorliegen und ergänzt werden können, damit das White-Box-Verfahren effizient angewendet werden kann.

Idee: Alle Quellcodeteile, des zu testenden Objektes sollen mindestens einmal zur Ausführung gebracht werden.

Das Verfahren unterteilt sich in die nachfolgenden Testmethoden:

Name:	Maß:	Aufwand:
Anweisungsüberdeckung	C0	Einfach
Zweigüberdeckung	C1	Vertretbar
Bedingungsüberdeckungen	C3	Vertretbar
Einfachbedingung	C3a	Vertretbar
Mehrfachbedingung	C3b	Sehr hoch
Minimale Mehrfachbedingung	C3c	Hoch
Pfadüberdeckungstest	C2	
Vollständige Pfadüberdeckung	C2a	Unmöglich bei Schleifen
Boundary-Interior Pfadüberdeckungstest	C2b	Hoch
Strukturierter Pfadüberdeckungstest	C2c	Hoch
(Intuitive Testfallermittlung)		Unterschiedlich
(Erfahrungs-basierte Testfallermittlung)		

Anweisungsüberdeckung / C0 Test:

Die einzelnen Anweisungen des Testobjektes stehen im Mittelpunkt der Untersuchung. Der Programmtext wird hierbei zunächst in einen Kontrollfluss-Graphen transferiert, welcher Anweisungen und Kanten des zu testenden Moduls darstellt. Aus dem Kontrollfluss-Graphen können anschließend die Testfälle abgeleitet werden.

Im Voraus muss die Testüberdeckung klar definiert sein. Sie ist relevant für das Testende Kriterium.

Es ist nach Ausführung der Testfälle nachzuweisen, welche einzelnen Anweisungen ausgeführt wurden (eine Dokumentation der Testfälle oder Beschreibung ist immer hilfreich bei späteren Fragen)

Im Graphen werden…

Anweisungen als Knoten dargestellt

Kontrollfluss als Kanten dargestellt.

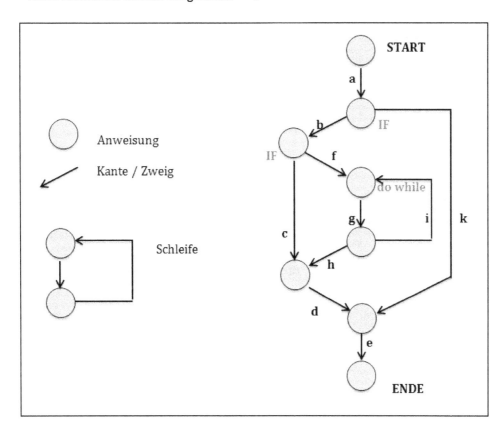

- Wenn der zuvor festgelegte Überdeckungsgrad erreicht ist, wird der Test als „ausreichend" angesehen und kann beendet werden.
- Testfälle:
  - Im Beispiel können alle Anweisungen bereits durch einen einzigen Testfall erreicht werden
  - Bei dem Testfall müssen die folgenden Kanten des Graphen durchlaufen werden, welche alle Anweisungen miteinschließen: **a,b,f,g,h,d,e**
  - Damit ist eine vollständige Anweisungs-Überdeckung gewährleistet
  - Der Aufwand für dieses Testverfahren ist gering
- Test-Ende-Kriterien:
  - **Anweisungsüberdeckung**

$$x = \frac{\text{Durchlaufene Anweisungen}}{\text{Gesamtzahl der Anweisungen}} * 100\%$$

C0 Maß: Jede Anweisung wird mindestens einmal ausgeführt

- Einschätzung der Methode:
  - Eine 100 %ige Überdeckung der Anweisungen kann schwer durchführbar sein, aufgrund komplexer Programmstrukturen.
  - **Nicht erreichbarer Code erkennbar:**
    - Wird eine vollständige Überdeckung gefordert und können Anweisungen durch keine Testfälle zur Ausführung gebracht werden, ist dies ein Hinweis auf „nicht erreichbaren Programmcode"
  - **Leere Else-Teile bleiben unberücksichtigt**

Zweigüberdeckung/ C1 Test

- Die Zweigüberdeckung verfolgt die Überdeckung aller Zweige im Kontrollflussgraphen als Ziel. Dabei stehen die Kanten (   ) im Kontrollfluss-Graphen im Mittelpunkt. Leere ELSE-Anweisungen werden hierbei auch berücksichtigt.
- Zusätzliche Testfälle sind für eine Zweigüberdeckung erforderlich:
  - Bereits vorhandener Test aus Anweisungsüberdeckung
    - **a,b,f,g,h,d,e**
  - Mit Berücksichtigung aller Kanten :
    - **a,b,c,d,e**
    - **a,b,f,g,i,g,h,d,e**
    - **a,k,e**
  - Alle vier Testfälle zusammen ergeben eine vollständige Überdeckung der Kanten des Kontrollflussgraphen (Zweigüberdeckung), womit alle möglichen Verzweigungen des Kontrollflusses im Programmtext, durch diese Testsequenz, aus vier Testfällen durchlaufen werden
- Test-Ende-Kriterien:
  Zweigüberdeckung

$$x = \frac{\text{Durchlaufene Zweige}}{\text{Gesamtanzahl der Zweige}} * 100$$

C1 Maß: Geprüft wird ob die Kante durchlaufen wurde, jedoch nicht wie oft, z.B. aufgrund komplexer Bedingungen innerhalb einer Schleife

- Einschätzung der Methode:
  - Es sind mehr Testfälle erforderlich, als bei der Anweisungsüberdeckung
  - Eine 100%ige Zweigüberdeckung garantiert eine 100%ige Anweisungsüberdeckung, aber nicht umgekehrt.
  - Die Zweigüberdeckung ist eine umfassendere Testmethode als die Anweisungsüberdeckung, da auch fehlerhafte oder leere „ELSE-Anweisungen" ermittelt werden. Für objektorientierte Systeme ist die meist unzureichend
  - Je nach Programmmodul, kann bereits eine Zweigüberdeckung zeitaufwendig sein, da die Komplexität der Beziehungen zwischen den Klassen berücksichtigt wird.
- Test der Bedingungen
  - Wenn im Quellcode mehrere Teilbedingungen auftauchen ist das Testen mit Zweigüberdeckung nicht möglich da diese nur wahr (true) oder falsch (false) kennt.
  - Berücksichtigung der Komplexität bei zusammengesetzten Bedingungen

Einfache Bedingungsüberdeckung/ C3a Test:

- Ziel der einfachen Bedingungsüberdeckung ist es, dass jede atomare Teilbedingung im Test mindestens einmal den Wert *„wahr"* als auch *„falsch"* angenommen hat.
- Atomare Bedingungen:
  - Definition: Keine Verwendung von logischen Operatoren wie „AND" , „OR" oder „NOT"
  - Verwendung von Ralations-Symbole wie „<", „>" oder „=" ist erlaubt

- o Beispiel einer zusammengesetzten Bedingung:
  X > 3 OR y < 5
    - ▪ Zwei atomare Teilbedingungen: (X > 3 und y < 5)
    - ▪ Logisches ODER
    - ▪ **Ziel** der einfach. Bedingungsüberdeckung ist es, das jede atomare Teilbedingung, einmal jeden Wahrheitswerte annimmt.
    - ▪ Testfall1: **x = 6** und **y = 8** ergeben :
        - • Wahr und Falsch **Gesamt:** Wahr
    - ▪ Testfall2: **x= 2** und **y = 3** ergeben:
        - • Falsch und Wahr, **Gesamt:** Wahr
- o **C3a Maß:** Jede atomare Bedingung wird einmal mit „wahr" und „falsch" getestet
- • Einschätzung der Methode:
    - o Schwaches Kriterium, da der Gesamtwert immer den gleichen Zustand beibehalten kann, trotz vollständiger Testfallabdeckung beim einfachen Bedingungstest.

Mehrfachbedingungsüberdeckungen/ C3b Test:

- • Der Test soll die Kombinationen der Wahrheitswerte, der atomaren Bedingungen berücksichtigen.
- • Es sollen möglichst alle Variationen gebildet werden
- • Beispiel wie oben : **X > 3 OR y < 5**

  X = 6 („**T**") , y = 3(„**T**"),   Gesamt: („**T**")
  X = 6 („**T**") , y= 8 („**F**"),   Gesamt: („**T**")
  X = 2 („**F**"), y = 3 („**T**"),   Gesamt: („**T**")
  X = 2 („**F**"), y = 8 („**F**"),   Gesamt: („**F**")

  Erklärungen: **T** = true = „wahr" , **F** = false = „falsch"

- • Bei der Auswertung der Gesamtbedingungen ergeben sich nun auch beide Gesamtwerte = „**T**" und „**F**", die bei der einfachen Bedingungsüberdeckung nicht garantiert werden können.
- • **C3b Maß:** Jede true/false Kombination der atomaren Bedingungen wird getestet
- • Einschätzung der Methode:
    - o Die Mehrfachbedingungsüberdeckung erfüllt somit auch die Kriterien der Anweisungs- und Zweigüberdeckung
    - o Die Methode ist sehr aufwendig, da bei steigender Zahl der möglichen Kombinationen die Bedingungen sehr stark ansteigen.

Minimale Mehrfachbedingungsüberdeckung/ C3c Test:

- • Es werden nur die atomaren Bedingungen und das Gesamtergebnis getestet.
- • Die Anzahl der Tests ist hier deutlich geringer als beim Mehrfachbedingungstest/C3b und beschränkt sich auf **n+1** und **2n** mit **n = Anzahl der booleschen Operanden** der Bedingung.
- • Testfälle:
    - o Es ist im Vorfeld festzulegen, welche erwarteten Ergebnisse die Tests bringen.
- o **C3c Maß:** Jede atomare Bedingung und die Gesamtbedingung wird mit „true" und „false" getestet
- • Festlegen der Test-Ende-Kriterien:
    - o Bei hoher Komplexität ist es anzustreben eine 100%ige Überdeckung als Ende-Kriterium zu wählen.
- • Einschätzung der Methode:
    - o Gerade bei komplexen Bedingungen ist die minimale Mehrfachbedingungsüberdeckung geeignet.
    - o Die minimale Mehrfachüberdeckung bietet das beste Ergebnis im Verhältnis zum Aufwand, im Vergleich mit allen Bedingungsüberdeckungstests.
    - o Der Aufwand für C3c Test ist jedoch immer noch hoch.

- Beim Pfadüberdeckungstest werden im Kontrollflussgraphen die Pfade vom Startknoten bis zum Endknoten betrachtet

C2a - vollständiger Pfadüberdeckungstest

- Für den Test von Schleifen, ist diese Methode ungeeignet, da diese extrem viele Pfade ergeben können.
- Beispiel:

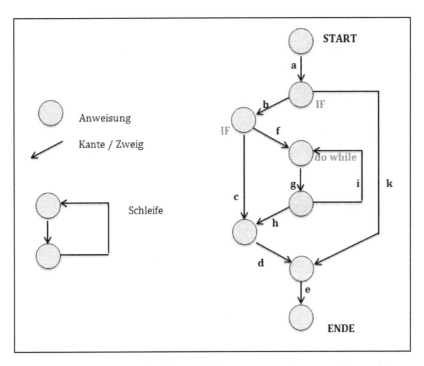

C2b - Boundary-Interior Pfadüberdeckungstest

- Das Prinzip wie beim C2a-Test, nur dass die Schleifendurchläufe auf höchstens zwei reduziert werden.
- Für jede Schleife gibt es zwei Gruppen von Pfaden:
  - **Boundary-Test:**
    Jede Schleife wird genau einmal betreten und alle Pfade in dem Schleifenkörper werden einmal abgearbeitet.
  - **Interior-Test:**
    Das Schleifeninnere gilt als ausreichend getestet, wenn alle Pfade, die bei zweimaligem Durchlaufen möglich sind, durchgelaufen wurden.

C2c - Strukturierter Pfadüberdeckungstest

- Das Prinzip des „C2c- Tests" ist identisch mit dem des „C2b-Test", mit der Ausnahme, dass die Anzahl der Schleifendurchläufe auf eine vorgegebene natürliche Zahl „n" reduziert wird.
  - Beispiel: Stellen Sie sich die Methode: *calculate_price* vor, zur Berechnung des Endkundenpreises, nach Abzug sämtlicher Rabatte (Rabatte & Vorrabatte) für die Kunden eines Onlinehändlers.
  - Variablen:
    Integer: **Extras** (Extras die der Kunde dazu bestellen kann)
    Integer: **Preis**
    Integer: **Vorrabatt** (Rabatt, durch den Händler)

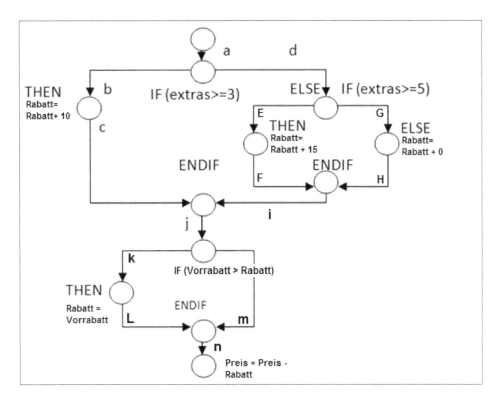

Folgende Testfälle wurden zuvor aufgestellt:

Testfall1:   *Vorrabatt =* **25** *; Extras =* **3**
Testfall2:   *Vorrabatt =* **0** *; Extras =* **5**

Diese Testfälle bewirken die Ausführung folgender Kanten:

Testfall1: a, b, c, j, k, L , n
Testfall2: a, b, c, j, m; n

- Die Kanten **d,E,F,G,H & i** wurden nicht durchlaufen!
- Die Testfall-Überdeckung beträgt lediglich: 57 %
- Um eine Programmabfolge **a, d, E** zu erreichen, müssen folgenden Bedingungen erfüllt sein:

IF(extras>=3) den Wert FALSE liefern und **IF(extras>=5)** den Wert TRUE liefern
  - **Eine solche Bedingung kann es nicht geben! → Es liegt ein Fehlerzustand im**

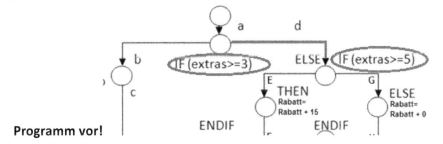

Programm vor!

Einschätzung zu den White Box-Verfahren

- Die Grundlage des Tests ist immer der vorliegende Programmcode
- Im Abhängigkeit der Komplexität ist zwischen den Testverfahren auszuwählen

- White Box Verfahren eignen sich für die unteren Teststufen (Entwicklertests, Integrationstests etc....)
- Anforderungen die übersehen und nicht realisiert wurden, bleiben durch White-Box-Tests unberücksichtigt.
- Instrumentierung und Werkzeugunterstützung:
  - Ermittlung der ausgeführten Programmteile
  - **Instrumentierung**: Beispielsweise Zähler, welche mit null initialisiert wurden und dann beim Durchlauf an den entsprechenden Stellen hochgezählt werden.
    - → Werkzeugeinsatz

Intuitive und Erfahrungsbasierte Testfallermittlung

Intuitives Testen, welches aus der Erfahrung des jeweiligen Testers durchgeführt wird, kann dabei helfen Fehlerwirkungen aufdecken, welche durch das systematische Testen übersehen werden können. Hierbei spielen die intuitive Fähigkeiten und Erfahrungen der Tester eine große Rolle. „Error guessing" beschreibt hier diese erfahrungsbasierte Testvorgehensweise, bei welcher die Tests aufgrund vergangenen Erfahrungswerte durchgeführt werden

Exploratives Testen – beschreibt eine Testvorgehensweise, mit welcher das vollständig vorliegende Testobjekt zunächst initial betrachtet wird, um die Anwendung zunächst kennenzulernen.

Normalerweise sollte ein Testobjekt gründlich beschrieben sein, bevor dieses in den Teststatus geht, fehlen diese Dokumente und Dokumentationen allerdings oder befinden sich diese in einem schlechten Qualitätszustand, kann exploratives Testen als eine erste Herangehensweise an das Testobjekt betrachtet werden.

- Vorgehen:
  - Elemente des Testobjekts werden „erforscht"
    - Entscheidung welche Testfälle entwickelt werden
  - Wenige Testfälle werden ausgeführt und Ergebnisse analysiert
- Test charter:
  - Beschränkung , auf bestimmte Elemente des Programms, auf bestimmte Aufgaben oder Funktionen
    - Fragen zu klären:
      - Warum wird getestet?
      - Was soll getestet werden?
      - Wie soll getestet werden?
      - Welche Probleme sollen nachgewiesen werden?
- Grundidee des explorativen Testens:
  - Mentales Modell des Programms entsteht während dem Testen
    - Was leistet das Programm?
    - Verhalten
  - Gegen dieses Modell soll getestet werden, wobei die Aufmerksamkeit darauf gerichtet ist, weitere Aspekte und das Verhalten des Programms aufzuzeigen.
  - Entspricht weder „White Box" noch „Blackbox"-Verfahren.
  - Sollte nicht als Erstes und Alleiniges Vorgehen angewendet werden
- Testendekriterien beim intuitiven Testen:
  - Das Ende-Kriterium ist nicht definierbar
- Bewertung des Intuitiven Testens:
  - Erfolgreich in der Aufdeckung weiterer Fehler
  - Nur als Ergänzung der systematischen Verfahren

Testplanung

Das Testen der Softwareartefakte muss geplant werden, um mit den verfügbaren Ressourcen (Zeit, Personen und Geld) effizient arbeiten zu können und um den geforderten Qualitätsansprüchen gerecht zu werden. Bereits im frühen Projektstadium ist es notwendig qualitätsfördernde Maßnahmen aufzusetzen und im Projekt kontinuierlich zu verfolgen. Dabei spielen die folgenden Planungspunkte eine entscheidende Rolle.

Projektorganisation & Rollen	
Testkonzept	
Teststrategie	
Testfall Priorisierung	
Testkosten	
Testkoordination	
Fehlermanagement	

Testkoordination

Der Aufgaben der Testkoordination fallen in den Verantwortungsbereich des Testmanagers. Sie umfassen alle lenkenden und koordinierenden Tätigkeiten, die im Zusammenhang mit dem Test durchzuführen sind. Auch die repräsentativen Aufgaben im Zusammenhang mit dem Test (Reporting und Status der Testaktivitäten, Budgetplanung etc.), sowie die Planung der Testdurchführung, mit den ihm zur Verfügung stehenden Ressourcen (Zeit, Budget, Personal) fallen in den Verantwortungsbereich des Testmanagers.

Testzyklusplanung:

Im Zuge des Softwareentwicklungsprozesses werden Fehlerwirkungen korrigiert und Änderungen am Programmcode durchgeführt. Dadurch entstehen neue Versionen der Softwares, die wiederrum getestet werden müssen. Mehrere Änderungen und Korrekturen werden hierbei zu einer neuen Softwareversion paketiert und an den Test übergeben. Wie viele Änderungen pro Version geliefert werden hängt von unterschiedlichen Faktoren ab: Gibt es zeitliche Vorgaben zur Lieferung neuer Softwareiterationen / Versionen? Können mehrere Änderungen zusammenfasst werden und innerhalb einer Entwicklungsphase thematisch umgesetzt werden?

Der Testmanager muss die Testzyklen initiieren, ihren Fortschritt überwachen und die Testaktivitäten steuern. Dabei muss die Feinplanung für den konkreten Testzyklus regelmäßig an die aktuelle Projektsituation anhand folgender Punkte angepasst werden:

- **Entwicklungsstand** der zu implementierenden Software im Vergleich zum geplanten Fertigungsstand
- **Testergebnisse**: Die vorangegangenen Testzyklen machen eventuell Änderungen der Test Priorisierung / Planung notwendig (z.B.: Eine notwendige Anpassung der Regressionstestfälle lastet eine Testressource für zwei Wochen außerplanmäßig zusätzlich aus)
- **Ressourcen**: Die für die Durchführung der Testaktivitäten notwendigen und geplanten Ressourcen müssen vorhanden sein und zur Verfügung stehen. Falls nicht, sollte eine Umpriorisierung der Testaktivitäten oder Neuplanung der Testphase stattfinden (z.B.: Testdurchführung, zunächst der am höchsten priorisierten Testfälle).

→ Im Zuge der Testplanungsaktivitäten schätzt der Testmanager Aufwand und Zeitbedarf der Testarbeiten. Er plant hierbei anhand der Priorisierung, in welcher Reihenfolge und zu welchen Zeitpunkten welche Testaktivitäten auszuführen sind.	
Risikomanagement	
Testwerkzeuge	

Projektorganisation & Rollen

Eine klare Organisation im Projekt ist relevant für einen reibungslosen Start des Projektes und noch wichtiger für ein erfolgreiches Ende des Projektes. Nur wenn für jede spezifische Projektrolle, Aufgaben, Kompetenzen und Verantwortlichkeiten klar festgelegt sind, können Entscheidungen effizient getroffen und Konflikte vermieden werden. Im folgenden Verlauf, werden die wichtigsten Rollen, bezogen auf den Softwaretest beschrieben und erläutert.

Aufgaben und Qualifikationen:

Testmanager (Testleiter)

Der Testmanager ist für die Planung / Durchführung und das Reporting der Testaktivitäten eines Projektes verantwortlich. Er bildet dabei ein Bindeglied zwischen operativem Testteam (Testanalysten und Testspezialisten) sowie dem Projektmanagement. Skills wie: Qualitätsmanagement, Projektmanagement und Personenführung sind für diese Rolle essentiell, aber auch die Expertise im fachlichen Softwaretest sind zwingend erforderlich, um Entscheidungen von der operativen Ebene auf der Managementebene zu vertreten und aufzeigen zu können.

Aufgaben:
- o Formulierung und Abstimmung der Testpolitik
- o Erstellung und Abstimmung des Testkonzepts
- o Vertreter der Testinteressen
- o Beschaffung der nötigen Ressourcen
- o Auswahl / Einführung von Testwerkzeugen
- o Einführung von unterstützenden Prozessen
- o Einführung / Auswertung des Testkonzepts
- o Regelmäßige Anpassen der Testpläne
- o Erstellen und Kommunizieren von Testberichten

Testdesigner (Testanalyst)

Die Rolle des Testanalysten ist überwiegend für die Testvorbereitung verantwortlich. Darunter fallen Aufgaben wie: Erstellung von Testspezifikationen, Review von Anforderungen, hinsichtlich Testrelevanz und die Spezifizierung von konkreten Testfällen. Auch das Reporting und das operative Management von Testfällen und Fehlerwirkungen können im Aufgabenbereich des Testanalysten liegen, wenn keine explizite Rolle für diese Aufgabenbereiche vorgesehen ist. Zusätzlich unterstützen und koordinieren sie die Testdurchführung durch die Tester. Testanalysten sind Testspezialisten mit langjähriger Erfahrung im Softwaretest, idealerweise auch entsprechenden Zertifizierungen.

Aufgaben:
- o Erstellung von Anforderungen und Testspezifikationen
- o Review von Anforderungen und Spezifikationen
- o Ermittlung und Aufbereitung von Testdaten
- o Erstellen von konkreten Testfällen

Test Engineer / Testautomatisierer

Testautomatisierer sind Spezialisten im Bereich Testautomatisierung und Programmiererfahrungen. Zu unterscheiden sind hierbei die Automatisierungen im Bereich Frontend / GUI, sowie Backend /

Schnittstellen. Dabei spielen unterschiedliche Technologien und unterschiedliche Automatisierungswerkzeuge eine wichtige Rolle. Testautomatisierer müssen die Erfahrungen aus der Testanalyse und dem operativen Test mitbringen, um entscheiden zu können, welche Testfälle für eine Automatisierung in Frage kommen. Diese Entscheidung hängt mitunter auch davon ab, wie viele Ressourcen dem Projekt für Automatisierungsarbeiten zur Verfügung stehen. Auch in Hinblick auf eine zukünftige, sich wiederholende Testregression sollte über die Möglichkeit einer Automatisierung nachgedacht werden, da diese – sofern richtig angewandt erhebliche Kosten einsparen kann.

Aufgaben:
- o Automatisierung von spezifische Testfällen
- o Erstellung eines Automatisierungskonzeptes (Was soll wie automatisiert werden etc.?)
- o Erstellen, Durchführen, Auswerten und Warten von automatisierten Testfällen
- o Einrichtung, Anpassung und Einsatz von Testwerkzeugen
- o Durchführung / Auswertung und Reporting technischer & funktionaler Regressionstest

Software Tester

Softwaretester bilden das operative Rückgrat der Software Qualitätssicherung. Sie sind für die manuelle Testfalldurchführung verantwortlich und unterstützen bei der Durchführung von automatisierten Testfällen. Sie erstellen Fehlerwirkungen und Dokumentieren den Testfortschritt. Des Weiteren berichten sie an den Testkoordinator und bereiten Reportings entsprechend auf. Idealerweise können Softwaretester eine Grundlagen-Zertifizierung im Bereich Softwaretest nachweisen, in welcher internationale Teststandards vermittelt werden. Dies wird immer wichtiger, da in den heutigen Projekten oft international zusammengearbeitet wird.

Aufgaben:
- o Unterstützung des Testanalysten im Bereich Testfallspezifizierung und Erstellung
- o Review von Testplänen und Testfällen
- o Testdurchführung und Dokumentation des Fortschrittes, sowie von Fehlerwirkungen
- o Analyse von Fehlerwirkungen und Durchführungen von Fehlernachtest
- o Unterstützung im Reporting und der Status – Auswertung zur aktuellen Testdurchführung

Zusammenstellung eines Test Teams:

Es ist die Aufgabe der Projektleitung und später auch des Testmanagements, ein für die Anforderungen und die Projektsituation gerechtes Testteam zusammenzustellen. Dabei spielen wesentliche Merkmale, wie die Projektstruktur (agiles Team oder klassisches Team), sowie die vorhandenen Ressourcen (Know-how & Erfahrungen) eine entscheidende Rolle.

Für die Auswahl des am besten geeigneten Testteams können folgende Modelle eine Hilfestellung leisten:

- o **Komponententest:**
  - ▪ Modell: 1: Entwickler testen die Testobjekte ihrer Kollegen
  - ▪ Modell: 2: Mitglieder der Entwicklung werden für den Test ab geordnet.
    Eventuell ist es sinnvoll einen erfahrenen Testcoach mit in das Team zu bringen
- o **Integrationstest:**
  - ▪ Modell: 1: Es gibt ein oder mehrere Testteams innerhalb des Projektes, die nicht an der Entwicklung beteiligt sind.
    - • Mitarbeiter aus den Fachabteilungen oder unabhängige Tester
  - ▪ Modell: 2: Heranziehen von unabhängigen Testern innerhalb eines Projektes, da separate Tester oft andere Fehler finden als Entwickler.
  - ▪ Modell: 3 : Die Testdurchführung erfolgt durch eine separate Testorganisation (Testabteilung, externe Tester)
- o **Systemtest:**

- **Modell: 1**: Es gibt ein oder mehrere Testteams innerhalb des Projektes, die nicht an der Entwicklung beteiligt sind.
    - Mitarbeiter aus den Fachabteilungen oder unabhängige Tester
- **Modell: 2**: Heranziehen von unabhängigen Testern innerhalb eines Projektes, da separate Tester oft andere Fehler finden als Entwickler.
- **Modell 3**: Die Testdurchführung erfolgt durch eine separate Testorganisation (Testabteilung, externe Tester)

Testkonzept

Ein Testkonzept beschreibt, <u>wie</u> die Anforderungen an die geplante Testphase in Bezug auf: Testvorgehensweise, Methoden, Verantwortlichkeiten & Zuständigkeiten, Ressourcen und Abhängigkeiten erfüllt werden sollen. Damit beantwortet das Testkonzept die Frage, nach dem „Wie wird die Qualität sichergestellt?".

Ebenso werden die Rahmenbedingungen für die Durchführung der Testaktivitäten im Testkonzept beschrieben (z.B. Verfügbarkeit der Testumgebung und geplante „Down Times" der Testumgebung), die Ziele des Testvorgehens, die anzuwendenden Testmethoden und Testverfahren sowie der Umfang der durchzuführenden Testaktivitäten.

Die detailliertere Planung auf Ressourcenebene findet hier nicht statt, sondern wird in einem gesonderten Planungsdokument durchgeführt.

Die Erstellung des Testkonzeptes liegt im Verantwortungsbereich des Testmanagers.

Um das gemeinsame Verständnis über das Testvorgehen sicherzustellen, wird eine Abnahme des Testkonzeptes vor Beginn der Testaktivitäten empfohlen.

Folgenden Ergebnisse werden in einem Testkonzept festgehalten:

- Festlegung der Teststrategie mit angemessenen Testmethoden
- Entscheidung über Art und Umfang der Testumgebung und der Testautomatisierung
- Festlegung des Zusammenspiels der verschiedenen Teststufen und Integration der Testaktivitäten
- Entscheidung wie Testergebnisse ausgewertet werden
- Festlegung von Metriken zur Messung und Überwachung des Testverlaufs
- Festlegung des Umfangs von Testdokumenten u.a. bereitstellen von Templates
- Erstellung des Testplans , wer was wann macht
- Schätzung des Testaufwandes und der Testkosten

Die Standard Definition ISO/IEC/IEEE 29119 Software Testing (ersetzt: IEEE829) bietet einen Satz von Standardisierungen zur Erstellung von Basis-Dokumenten, die der Dokumentation von Softwaretests dienen. Beschrieben werden die Punkte, die inhaltlich in einem nach IEEE 29119 standardisierten Testkonzept enthalten sein sollten:

- Testkonzeptbezeichnung
- Einführung
- Testobjekte
- Zu testende Leistungsmerkmale
- Leistungsmerkmale die nicht getestet werden
- Teststrategie
- Abnahme und Testendkriterien
- Kriterien für Testabbruch und Testfortsetzung
- Testdokumentation
- Testaufgaben
- Testinfrastruktur
- Verantwortlichkeiten / Zuständigkeiten
- Personal / Einarbeitung / Ausbildung
- Planungsrisiken
- Genehmigungen / Freigabe

Teststrategie

Die Teststrategie legt fest, welche Teile des Systems mit welcher Intensität unter Anwendung welcher Testmethoden und –Techniken, unter Nutzung welcher Test-Infrastruktur und in welcher Reihenfolge (siehe auch Teststufen) zu testen sind.

Die nachfolgenden Testansätze, welche unter Umständen unternehmensintern vorgeschrieben sein können, sind unterschiedliche Ausprägungen die eine Teststrategie beeinflussen / bestimmen können:

<u>top-down:</u>
Wichtige Hauptfunktionen werden vor den Detail- oder untergeordneten Funktionen getestet. Dabei werden untergeordnete Routinen beim Test zunächst ignoriert oder simuliert.

<u>bottom-up:</u>
Die Detail- und die untergeordneten Funktionen werden zuerst getestet. Die übergeordnete Funktionen oder Aufrufe werden mittels "Testdriver" simuliert.

<u>hardest first:</u> Hierbei wird Projekt und situationsbedingt das „Wichtigste" zuerst getestet. Diese Methode kann eingesetzt werden, wenn die Zeit für den Test sehr knapp bemessen ist.

<u>big-bang:</u> Bei der „big-bang"- Ausprägung, startet der Test erst, wenn alle Haupt- und Detailfunktionen bereit stehen.

Die Teststrategie lässt sich weiterhin durch unterschiedliche Ansätze verfeinern, die nachfolgenden beschrieben werden:

Vorbeugender (proaktiver) vs. Reaktiver Ansatz

<u>Vorbeugender Ansatz:</u>
Der vorbeugende Ansatz basiert auf proaktivem Vorgehen - mit klare Projektanforderungen -, welche mit den Stakeholdern abgestimmt sind. Der Test wird früh ins Projekt involviert und Testplanung und Testdesign beginnen frühestmöglich. Die Anwendung des V – Modells oder eines ähnlich abgewandelten Modells bietet einen hohen Qualitätsstandart bei richtiger Durchführung. Frühzeitige Testspezifikationen, Reviews, statische Analysetechniken helfen Fehler schnell zu erkennen.

<u>Reaktiver Ansatz:</u>
Im Gegensatz zum vorbeugenden Ansatz bezeichnet man einen reaktiven Ansatz, wenn der Test zu spät in das Projektgeschehen involviert wird und deshalb eine vorbeugende Herangehensweise nicht mehr möglich ist. Die Testplanung und der Testentwurf beginnen erst, nachdem das Softwaresystem schon erstellt wurde. Testentwurf, Testdurchführung und Testauswertung erfolgen simultan. Dieser Ansatz ist somit eher aus der Not geboren und verläuft relativ planlos.

Analytischer vs. Heuristischer Ansatz

<u>Analytischer Ansatz:</u>
Ein analytischer Ansatz kann in die verwendete Teststrategie integriert werden. Bei der Testplanung spielen Daten und deren mathematische Analyse eine große Rolle. Abhängigkeiten und Einflussfaktoren werden quantifiziert und ihr Zusammenhang modelliert

<u>Heuristischer Ansatz</u>
Beim heuristischen Strategieansatz stütz sich die Testplanung auf das Erfahrungswissen beteiligter oder externer Experten. Dieser Ansatz wird angewandt, wenn noch nicht ausreichenden Datenmengen zum Auswerten verfügbar sind. Beide Ansätze lassen sich miteinander integrieren.

In der Praxis verwendete Ansätze liegen zwischen den beiden Ansätzen:

<u>Modellbasiertes Testen:</u>
- Abstrakte funktionale Modelle des Testobjekts zur Ableitung von Testfällen, Testende Kriterien, Messung der Testabdeckung

- Beispiel: zustandsbezogener Test

Statisches modellbasiertes Testen:
- Heranziehen von statischen Modellen über die Verteilung von Defekten im Testobjekt.
- Mit Hilfe der ermittelten Daten wird die Verteilung der Testaktivitäten und Auswahl der Testmethoden festgelegt.

Risikoorientiertes Testen:
- Testfälle werden aufgrund der zuvor spezifizierten Projekt und Produktrisiken entwickelt

Prozess und Standardkonforme Ansätze
- Nutzen die Handlungsanweisungen und Empfehlungen die bei der Festlegung der Teststrategie als Kochrezept genutzt werden können.

Wiederverwendungsorientierten Ansatz:
- Verwendung von vorhanden Tests und Testumgebungen

Checklistenorientierter Ansatz
- Nutzt Fehlerlisten aus früheren Testzyklen

Expertenorientierten Ansatz:
- Nutzt Expertise und vorhandene Bauchgefühl beteiligter Experten

Die aufgeführten Ansätze sind häufig nicht in ihrer Reinform anzutreffen, sondern meist in einer Mischform aus mehreren Ansätzen. Es eignet sich eine sinnvolle Mischung aus unterschiedlichen Ansätzen, die individuell an das Unternehmen oder Projekt angepasst werden.

Durch die Wahl einer Teststrategie können folgende Faktoren beeinflusst werden:

Faktoren:
- Testziele und Testkosten
- Ressourcenwahl
- Maßnahmenmix der die Relation zwischen Testkosten und Fehlerkosten optimiert
- Die Kosten des Softwaretests sollen deutlich niedriger bleiben, als die durch nicht beseitigte Defekte etc.

Testfall Priorisierung

Die Priorisierung von Testfällen geschieht aufgrund deren Wichtigkeit und Aussagefähigkeit zur Qualität und Funktionalität der Software. Testfälle können entsprechen niedriger priorisiert werden, wenn die Testthematik in einem anderen Testfall redundant geprüft werden kann oder bestimmte Softwarebereiche bevorzugt getestet werden sollen (Zeitknappheit).
Auch andere Engpässen (z.B.: bei Ressourcenprobleme, Managementprobleme, Lieferantenprobleme etc.) können dazu führen, dass nicht alle Testfälle im vorgesehen Zeitrahmen durchgeführt werden können.
Aufgrund unvorhersehbarer Ereignisse und Projektänderungen, sollten Testfälle immer priorisiert werden.
Die nachfolgende Matrix dient als Hilfestellung für die meisten Projektumfelder, zur Herleitung einer Priorisierung. Dabei sind die Einträge in den blauen Kästen als Anwendungsbeispiele zu sehen.

	KRITISCH	NICHT KRITISCH
HOCH	Schlüsselfuktionalität funktioniert nicht	Das Firmenlogo wird in der falschen Farbe angezeigt
NIEDRIG	Funktion, welche nicht häufig verwendet wird funktioniert nicht	Eine Bildbeschriftung ist an der falschen Stelle im Programm

PRIORITÄT

Priorisierungsregel: Der Testmanager muss für das Projekt sinnvolle Prioritätskriterien festlegen. Das bestmöglichste Ergebnis, bei einem vorzeitigen Abbruch des Testens, wird dadurch erreicht, dass die hoch priorisierten Testfälle bevorzugt durchgeführt werden. Folgende Kriterien können ebenfalls bei der Priorisierung der Testfälle helfen:

- Nutzungshäufigkeit des Objektes
- Fehlerrisiko / erwarteter Schaden bei einer fehlerhaften Ausführung des Objektes
- Wahrnehmung einer Fehlerwirkung durch den zukünftigen Benutzer (Außenwahrnehmung des Unternehmens)
- Priorität der Anforderungen
- Komplexität der einzelnen Komponenten und Systemteilen
- Fehlerwirkungen mit einem hohen Projektrisiko müssen rechtzeitig erkannt werden.

Testkosten

Die Kosten des Testens sind notwendig, um die langfristigen Bedingungen an die Software zu gewährleisten. Besonders wichtig ist der Zeitpunkt zum Beginn des Testens und den damit verbundenen Kosten. Die Kosten um einen Fehler in einer Software zu finden steigen um ein Vielfache an, je später mit dem Test begonnen wird, da in einem früheren Softwareentwicklungsabschnitt, wie z.B. der Entwicklung einzelner Module, der Testaufwand wesentlich geringer ist, als in späteren Softwareentwicklungsabschnitten wie der Integration mehrere Softwarebausteine. Des Test auf spätere Phasen zu verschieben um die frühen Kosten zu sparen ist folglich kontraproduktiv und verursacht Unsummen an Testkosten. Fangen Sie so früh wie möglich mit dem Testen an - auch wenn noch keine Module implementiert wurden, lassen sich Anforderungsdokumente auf Fehler prüfen, z.B.: innerhalb eines Reviews. So können bereits vor den ersten Entwicklungsarbeiten fehlerhafte Anforderungen korrigiert werden.

Um die Kosten für einen Softwaretest schätzen zu können, können folgende Faktoren bewertet werden:

Faktoren:

- Reifegrad des Entwicklungsprozesses
  - Stabilität der Organisation
  - Mitarbeiterqualifikationen
  - Fehlerhäufigkeit der Entwickler
  - Rate der Softwareänderungen

- Zeitdruck durch unrealistische Pläne
- Gültigkeit / Bestand / Aussagekraft von Plänen
- Reife des Testprozesses und Disziplin bei Konfiguration- und Fehlermanagement
- **Qualität und Testbarkeit der Software:**
  - Anzahl / Schwere und Verteilung der Fehler in der Software
  - Qualität und Aussagekraft und Aktualität der Dokumentation und anderer testrelevanter Informationen
  - Größe und Art der Software und Systemumgebung
  - Komplexität der Anwendungsdomäne und der Software
- **Testinfrastruktur:**
  - Verfügbarkeit von Testwerkzeugen
  - Verfügbarkeit von Testumgebung und Testinfrastruktur
  - Verfügbarkeit und Bekanntheit von Testprozess, Standards und Verfahren
- **Abhängig von den Qualitätsziele:**
  - Angestrebte Testabdeckung (Das Erreichen einer Anweisungsüberdeckung ist billiger als das Erreichen einer Pfadüberdeckung.)
  - Angestrebte Restfehler-Rate
  - Anforderung an die Systemsicherheit
  - Anforderung an die Testdokumentation
- **Abhängig von der Teststrategie**
  - Testziele (abgeleitet von den Qualitätszielen) und Mittel zur Zielerreichung
  - Wahl der Testmethoden (Blackbox- oder White Box- Verfahren)
  - Zeitliche Planung der Tests

Einfluss des Testmanagers auf die Testkosten:

Die nachfolgenden Faktoren beeinflussen die Kosten des Testens. Als Testmanager oder Projektleiter ist es nicht immer möglich einzelne Faktoren direkt zu beeinflussen. Einige Faktoren lassen sich langfristig, einige auch kurzfristig beeinflussen.

Der **Reifegrad** des Softwarentwicklungsprozesses ist eine langfristige, kaum im Projekt zu beeinflussende Größe. Diese hängt maßgeblich von der Unternehmensorganisation und -Kultur ab. Der Reifegrad sollte kontinuierlich im Unternehmen bewertet und verbessert werden.

Die **Testbarkeit** eines Testobjektes kann durch eine bessere Projektstrukturierung (Definition von Prozessen, Definition zur Formulierung von Anforderungen) verbessert werden.

Die **Testinfrastruktur** kann ebenso die Kosten beeinflussen: Teilen sich Entwicklung und Test eine Umgebung? Können mehrere Instanzen auf der Umgebung eingerichtet werden? ist ein Ausbau der bereits vorhandenen Infrastruktur notwendig, um Testaktivitäten, wie z.B.: Last und Performancetests ausführen zu können oder zu beschleunigen.

Die **Mitarbeiterqualifikationen** können innerhalb einer kurzen Projektzusammenarbeit nur bedingt durch Trainings und Schulungen beeinflusst werden. Wichtig ist eine gezielte Auswahl der Projektressourcen zu Beginn der Zusammenarbeit. Ein Mix aus senioren und junioren Mitarbeitern sorgt für einen sinnvollen Mix aus Erfahrung und Innovation. Hinzu können Spezialisten gezielt eingesetzt werden, um in ihren Spezialgebieten zu unterstützen.

Die **Qualitätsziele und die Teststrategie** beeinflussen die Testkosten massiv, da hierbei vorgegeben wird, wie intensiv ein Testobjekt getestet werden muss um den Qualitätsansprüchen zu genügen – reicht eine einfache Bedingungsüberdeckung aus, oder ist eine aufwändige Pfadüberdeckung zum Erreichen des Qualitätsziels notwendig? In welchem formalen Maße sollen Dokumentenreviews durchgeführt werden?

Schätzung des Testaufwandes

Der Aufwand für die geplanten Testaktivitäten kann pro Aufgabe in Personentagen geschätzt werden. Die Schätzung erfolgt hierbei durch den Testmanager oder den Projektleiter, evtl. in Abstimmung mit dem Mitarbeiter, welcher die Aufgabe später durchführen wird. Je nach Projekt- & Budgetgröße kann eine Schätzung auch von Experten durchgeführt werden. Unterschiedliche Verfahren zum Schätzen von Aufwänden können - abhängig von der Art des Projektes - angewendet werden. Auch bekannte Aufwandsdaten vergangener oder ähnlicher Projekte können hierbei herangezogen werden.

Ungefähre Daumenregel: Bei Softwareentwicklungsprojekten fallen etwa 50 % der Gesamtentwicklungsaufwände für den Bereich Test auf.

Kosten und Wirtschaftlichkeitsaspekte

Dieser Faktor gibt Ausschluss darüber, wie viel Testaufwand notwendig ist, um ein Softwareprodukt in Produktion zu bringen. Ein internes Unternehmenstool hat in der Regel geringere Qualitätsanforderungen als ein Tool, zur außenwirksamen Präsentation von Artikeln des Unternehmens an deren Kunden. Bei der Bestimmung der Qualitätsziele ist zu berücksichtigen, was ein Fehler im Betrieb das Unternehmen kosten kann. Folgende Fehlerkosten können dabei unterschieden werden:

- **Direkte Fehlerkosten**: Kosten, die durch Fehlerwirkungen in der Software, in Produktion entstehen können. (z.B.: Eine App zum Abschluss einer Reiseversicherung berechnet und bestätigt den Kunden einen zu geringen Versicherungsbeitrag)
- **Indirekte Fehlerkosten**: indirekte Kosten die aufgrund einer Fehlerwirkung, in Produktion entstehen können. (z.B.: versäumte Umsätze, wenn z.B.: ein Verkaufstool fehlerhaft in Betrieb gegangen ist.)
- **Fehlerkorrekturkosten**: Kosten die im Zuge der Fehlerkorrektur anfallen. (Je später Fehler identifiziert und behoben werden, desto wesentlich höher ist der dazu notwendige Aufwand)

Die Fehlereintrittswahrscheinlichkeit und die dadurch zu erwartenden Testkosten, müssen innerhalb einer Risikoanalyse erfasst und bewertet werden. Eine regelmäßige Betrachtung und ggfls. Anpassung eines solchen Risikoregisters, aufgrund neuer Anforderungen oder gesetzlicher Rahmenbedingungen ist notwendig.

Fehlermanagement

Unter Fehlermanagement werden sämtliche Tätigkeiten zusammengefasst, welche die Bearbeitung von Fehlern beinhaltet: Beginnend mit dem Auffinden von Fehlerwirkungen im Programmcode; der Analyse und das Reporting von Fehlerwirkungen; die Fehlernachbearbeitung/ Korrektur, sowie dem „Retest", (Fehlernachtest) des betroffenen Programmmodules.

Testprotokoll:

Vor jedem Testdurchlauf, liegt dem Tester eine Reihe von Testfällen vor, die den aktuellen Entwicklungsstand prüfen sollen. Der Tester führt diese Testfälle durch und protokoliert das Ergebnis der Testaktivitäten anhand der erwarteten Ergebnisse und den tatsächlich eingetretenen Ergebnissen der Tests. Für die Testdurchführung und Protokollierung der Ergebnisse stehen häufig Werkzeuge zur Verfügung wie z.B.: HP ALM oder JIRA.

Nach dem Testdurchlauf beginnt meist die Analyse der gefundenen Fehlerwirkungen. Hier gilt es zu klären, ob tatsächlich eine Fehlerwirkung vorliegt, oder ob die Abweichung vom erwarteten Ergebnis auf eine fehlerhafte Testfallbeschreibung zurückzuführen ist. Auch Umgebungsprobleme oder veraltete Schnittstellenparameter, welche nicht aktualisiert wurden, können Fehlerwirkungen an völlig anderen Stellen im System auslösen. Die Fehleranalyse ist somit wesentlich aufwendiger, als das reine Auffinden der Fehler. Hier bei spielt die Erfahrung des Testers / Testanalysten eine große Rolle. Im Anschluss wird ein

Testprotokoll erstellt, in welchem die Testergebnisse aufgelistet sind. Häufig bieten Werkzeuge hier vordefinierte Funktionen, zur Generierung dieser Protokollen an.

Fehlermeldung/ Defekt:

Hat die Analyse ergeben, dass es sich tatsächliche um eine Fehlerwirkung handelt, muss Dieser dokumentiert und an die Entwicklung gesendet werden. Hierbei werden alle relevanten Daten erfasst, die notwendig sind, um den Fehler reproduzieren zu können. Zuvor sollte eine zentrale Fehlerdatenbank für das Projekt eingerichtet und bereitgestellt werden. Bei größeren Unternehmen, mit mehreren, gleichzeitig, laufenden Projekten, ist die Definition und der Aufbau eines zentralen Fehlermanagementteams sinnvoll.

Folgende Angaben sollten zwingend Bestandteil einer Fehlermeldung sein. Es können natürlich, je nach Unternehmen noch weitere Eingaben notwendig und verlangt werden.

Erfassungspunkt:	Beschreibung
Name des Tester	Für Rückfragen durch die Entwicklung oder andere Personen, muss der Autor der Fehlermeldung und der Tester bekannt sein.
Datum der Testdurchführung	Datum, wann der Test durchgeführt wurde. Das Datum kann evtl. Rückschlüsse auf Down Times bestimmter Module geben.
Aktuelle Version des Testobjektes	In welcher Auslieferungsversion / Programmversion tritt die Fehlerwirkung auf?
Fehlerschweregrad / Fehlerklassifikation	Der Fehlerschweregrad wird hier anhand von zuvor definierten Stufen festgelegt. Für die Definition ist der Testmanager verantwortlich bzw. es können auf bestehende Standards innerhalb des Unternehmens / der Organisation zurückgegriffen werden. *(siehe unten: Fehlerklassifikation)*
Vorbedingungen	Welcher Programmteil wurde gerade verwendet / Welche Maske war gerade offen / Welche Benutzereingaben wurden vorgenommen, bevor es zu der Abweichung kam?
Reproduzierbarkeit	Ist der Fehler reproduzierbar und wenn ja, wie lässt er sich genau reproduzieren?
Beschreibung der Fehlerwirkung	Welche Abweichung wurde festgestellt / Welche Fehlerwirkung ist aufgetreten und wie macht sich diese bemerkbar?
Dateianhang	Dateianhänge für zum Beispiel Bildschirmbilder der Fehlerwirkung können hier angehangen werden.

Fehlerklassifikation
Klassifizierung der Fehlerwirkungen nach Schwere

Klasse	Erklärung
1	Systemabsturz mit ggf. Datenverlust. Das Testobjekt ist nicht einsetzbar in diesem Zustand.
2	Eine wesentliche Funktion der Software ist fehlerhaft, sodass das Testobjekt nur mit großen Einschränkungen nutzbar ist.
3	Funktionale Abweichungen. Das Testobjekt kann mit Einschränkungen genutzt werden.
4	Geringfügige Abweichung. Das Testobjekt kann ohne Einschränkungen genutzt werden.
5	Schönheitsfehler (Rechtschreibfehler etc.)

Die eingestellten Fehlermeldungen werden anschließend an den für die Entwicklung verantwortlichen Mitarbeiter geleitet, der die Meldungen wiederum im Entwicklerteam zur Fehlernachbearbeitung weitergibt. Anhand der Fehlerklassifikation wird die Dringlichkeit zur Behebung des Fehlers festgelegt. Fehlerwirkungen mit z.B.: einer hohen Klassifizierung werden bevorzugt bearbeitet, als Fehlerwirkungen mit einer niedrigeren Klassifizierung. Testwerkzeuge ermöglichen den aktuellen Stand eines Fehlers zu jeder Zeit überprüfen zu können, außerdem können somit Statusauswertungen durch das Werkzeug generiert werden. Die Auswertung von Schwere und Priorität erlaubt es dem Testmanager, Aussagen über die Produktstabilität zu machen. Die Auswertung der Fehlermeldungen dient zur Verbesserung des Testprozesses. Jede Fehlermeldung durchläuft einen Status, von der erstmaligen Erfassung bis zur erfolgreichen Fehlerkorrektur.

Die nachfolgende Übersicht zeigt mögliche Status die von den Fehlermeldungen durchlaufen werden können:

Status	Status wird gesetzt durch:	Erklärung
Neu	Tester	Neue Fehlermeldung wird erfasst
Offen	Testmanager	Neue Fehlermeldungen werden vom Testmanager geprüft. Überprüfung ob diese Meldung schon existiert.
Abgewiesen	Testmanager	Abweisung, wenn kein Defekt erkannt wurde oder die Meldung schon existiert.
Analyse	Entwickler	Bei Bearbeitung und Behebung des Defekts.
Beobachtung	Entwickler	Der Defekt kann nicht nachvollzogen werden, aber auch nicht geschlossen werden.
Korrektur	Projektmanager	Aufgrund der Analyse des Entwicklers entscheidet der Projektmanager, dass eine Korrektur erfolgen soll. Die Korrektur wird durch den Entwickler durchgeführt.
Test	Entwickler	Nach der Bearbeitung, wird der Status durch den Entwickler gesetzt, wenn das Problem behoben wurde.
Erledigt	Tester	Nach erfolgreichem Test durch den Tester, wird der Test im nächsten Testzyklus erneut durchgeführt.
Flop	Tester	Wenn der Fehlernachtest ergibt, dass der Fehler wieder auftritt

- Den Status „Erledigt" sollte nur das Testteam setzen dürfen
- In kleinen Projekten werden alle Entscheidungen über den Fehlerstatus von Einzelpersonen übernommen, in größeren Projekten jedoch werden die Entscheidungen von Gremien getroffen, entsprechend komplexer kann der Entscheidungsprozess werden.

Testkoordination

Der Aufgaben der Testkoordination fallen in den Verantwortungsbereich des Testmanagers. Sie umfassen alle lenkenden und koordinierenden Tätigkeiten, die im Zusammenhang mit dem Test durchzuführen sind. Auch die repräsentativen Aufgaben im Zusammenhang mit dem Test (Reporting und Status der Testaktivitäten, Budgetplanung etc.), sowie die Planung der Testdurchführung, mit den ihm zur Verfügung stehenden Ressourcen (Zeit, Budget, Personal) fallen in den Verantwortungsbereich des Testmanagers.

Testzyklusplanung:

Im Zuge des Softwareentwicklungsprozesses werden Fehlerwirkungen korrigiert und Änderungen am Programmcode durchgeführt. Dadurch entstehen neue Versionen der Softwares, die wiederrum getestet werden müssen. Mehrere Änderungen und Korrekturen werden hierbei zu einer neuen Softwareversion paketiert und an den Test übergeben. Wie viele Änderungen pro Version geliefert werden hängt von unterschiedlichen Faktoren ab: Gibt es zeitliche Vorgaben zur Lieferung neuer Softwareiterationen / Versionen? Können mehrere Änderungen zusammenfasst werden und innerhalb einer Entwicklungsphase thematisch umgesetzt werden?

Der Testmanager muss die Testzyklen initiieren, ihren Fortschritt überwachen und die Testaktivitäten steuern. Dabei muss die Feinplanung für den konkreten Testzyklus regelmäßig an die aktuelle Projektsituation anhand folgender Punkte angepasst werden:

- **Entwicklungsstand** der zu implementierenden Software im Vergleich zum geplanten Fertigungsstand
- **Testergebnisse**: Die vorangegangenen Testzyklen machen eventuell Änderungen der Test Priorisierung / Planung notwendig (z.B.: Eine notwendige Anpassung der Regressionstestfälle lastet eine Testressource für zwei Wochen außerplanmäßig zusätzlich aus)
- **Ressourcen**: Die für die Durchführung der Testaktivitäten notwendigen und geplanten Ressourcen müssen vorhanden sein und zur Verfügung stehen. Falls nicht, sollte eine Umpriorisierung der Testaktivitäten oder Neuplanung der Testphase stattfinden (z.B.: Testdurchführung, zunächst der am höchsten priorisierten Testfälle).
  → Im Zuge der Testplanungsaktivitäten schätzt der Testmanager Aufwand und Zeitbedarf der Testarbeiten. Er plant hierbei anhand der Priorisierung, in welcher Reihenfolge und zu welchen Zeitpunkten welche Testaktivitäten auszuführen sind.

Risikomanagement

Viel Testen ist kein Garant für eine Risikominimierung innerhalb eines Softwareproduktes. Software muss heute hohen Anforderungen entsprechen: die zugrunde liegenden Infrastrukturen werden immer komplexer und die Qualitätsansprüche der Kunden und Anwender wachsen, unter immer stetig steigendem Zeitdruck. Testen ist kein Job für Einzelkämpfer. Vor allem eine kontinuierliche fundierte Testausbildung und ein durchmischtes Team aus erfahrenen Testanalysten und engagierten Testern sind Grundlage für ein dynamisches und erfolgreiches Testteam in jedem Projekt.

Als Messgrundlage für das Risiko beim Testen eignet sich die folgende Gleichung:

Risiko = Schaden * Schadenswahrscheinlichkeit

Der Schaden beinhaltet dabei alle in Kapitel: *Testmanagement / Testplanung* beschriebenen Konsequenzen und Kosten einer Fehlfunktion des Produktes. Die Schadenswahrscheinlichkeit hängt davon ab, in welchem Umfang das Softwareprodukt genutzt wird und beschreibt die Eintrittswahrscheinlichkeit eines Schadens.

Folgenden Varianten von Risiken können unterschieden werden:

Projektrisiken:

- **Lieferantenseitige Risiken**: z.B.: Auftragnehmer fallen aus, Vertragsstreitigkeiten zwischen Auftraggeber und Auftragnehmern

- **Organisationsbezogene Risiken:** Ressourcenknappheit (Mangel an Wissen/ Know-How), Budgetschwierigkeiten, zeitliche Engpässe
- **Technische Risiken:** Falsche, missverständliche, unvollständige oder unrealisierbare Anforderungen können die Eintrittswahrscheinlichkeit von Risiken deutlich erhöhen.

Produktrisiken:

- Das Produkt (z.B.: Softwareprodukt) hat unzureichende Produkteigenschaften in funktionaler und nicht funktionaler Hinsicht
- Das Produkt erfüllt den geforderten Einsatzzweck nicht
- Einsatz des Produktes führt zu Schäden

Das „Institute of Electrical and Electronics Engineers" hat folgende Standards definiert, die dabei helfen können Softwarerisiken zu minimieren:

IEEE 730	ISO/IEC/IEEE 29119 Software Testing (ersetzt: IEEE 829)
Die Definition IEEE 730 für den Software Quality Assurance Plan (SQAP) beschreibt den Aufbau eines Qualitätssicherungs-Plans. In einem SQAP werden die Entwicklungs-, Test- und Schulungsabläufe innerhalb eines Software-Projektes oder allgemein gültige Richtlinien einer Firma beschrieben.	Die Definition des Der Standards ISO/IEC/IEEE 29119 „Software Testing" löst international die bekannten Normen IEEE 829 (Test Dokumentation), IEEE 1008 (Unit Testing) und BS 7925 (Testtechniken) aus dem Bereich des Softwaretestens ab. Er besteht aus fünf international vereinbarten ISO-Standards die den Softwaretest standardisieren.

Risikoeinschätzung

Ein relevanter Punkt zur Risikovermeidung ist die Analyse und Einschätzung von Projekt- und Produktrisiken. Die Sammlung und Bewertung von Risiken in einem **Risikoregister** macht Sinn. Dies kann eine formlose Liste aller identifizierten Risiken darstellen, welche regelmäßig auf folgenden Punkte hin geprüft wird:

- Identifikation von Risiken: Ist das Risiko noch aktuell?
- Überprüfung der Priorisierung von identifizierter Risiken
- Festlegen von Maßnahme zur Minderung oder Reduzierung von Eintrittswahrscheinlichkeit und/oder Schaden und regelmäßige Überprüfung dieser Maßnahmen

Eine risikoorientierte Test-Priorisierung mindert die Risikoeintrittswahrscheinlichkeit. Hierbei werden bei einem Testobjekt die risikoreichen Bestandteile mit höherer Priorisierung getestet.

Testwerkzeuge

Ein Testwerkzeug ist eine unterstützende Software, welche die Analyse von Programmen hinsichtlich definierter Qualitätsmerkmale (Korrektheit, Last- und Performance) auf Basis differenzierter Testmethoden unterstützt. Es wird zwischen zwei Testarten unterschieden: **statische Werkzeuge** und **dynamische Testwerkzeuge**.

Statische Testwerkzeuge	Dynamische Testwerkzeuge
Test ohne Programmausführung des Testobjektes	Test mit Programmausführung des Testobjektes

Beispiele für eine Verwendung:

Statische Analysatoren
Statische Analysatoren liefern Maßnahmen zu verschiedenen Charakteristika wie z.B.: zyklometrische Zahl und ähnliche Code Metriken.
Mit der Nutzung sollte frühzeitig begonnen werden, damit Fehler in Dokumenten oder im Quellcode so früh wie möglich erkannt werden.
z.B.: - Code Reviews auf Basis einer Checkliste oder statische Vertragsprüfung: Durch „Modell Checker" können Struktur und Eigenschaften einer Spezifikationen geprüft werden, wenn sich Diese in einem zuvor definierten Format befindet.

Beispiele von Testwerkzeugen:
Es gibt zahlreiche Werkzeuge, die dabei unterstützen Fehler in Dokumenten oder im Quellcode zu vermeiden, ohne dass das Testobjekt dabei ausgeführt wird.

Beispiele hierfür sind unter anderem: Rechtschreibprüfung in Textverarbeitungsprogrammen oder die semantische Prüfung eines Quellcodes einer Software
Für jede Programmiersprache stehen zahlreiche Werkzeuge zur statischen Codeanalyse zur Verfügung.

Derartige Werkzeuge können meist nicht nur alleinstehend laufen, sondern auch integriert in einer Entwicklungsumgebung.

Beispiele für eine Verwendung:

- Debugging
- Funktionale automatisierte Testdurchführung
  - z.B.: automatisierter Regressionstest einer Web Oberfläche
- Last und Performancetest
  Werkzeuge für den Lasttest generieren synthetische Last z.B. Datenbankabfragen, Benutzertransaktionen oder Netzwerklast
  - Volumentests
  - Stresstests
  - Performancetests (Test des Antwortzeitverhaltens)
- Security Test

Werkzeugarten:
Debugger:
- Abarbeitung eines definierten Programmabschnitts
- Anhaltung der Abarbeitung möglich
- Analysewerkzeuge um Fehler zu finden und zu korrigieren

Testreiber:
- Testtreiber und Testrahmen sind Werkzeuge oder Produkte
- Benötigt für Komponententest oder Integrationstest, um noch nicht vorhandenen Programmteile zu simulieren

Simulatoren:
- Bilden die eigentliche Einsatzumgebung ab und stellt diese realistisch Nahe da. Beispiel: Robustheitstest einer Flugzeugsteuerung

Testroboter:
- Aufzeichnung einer manuellen Vorgehensweise des Benutzers (Benutzung der Software)
- Ausführung des „Makros" beliebig oft wiederholbar
  - Capture-&-Replay
  - Capture-&-Playback-Tools
- Eine Nachbearbeitung ist hier in den meisten Fällen erforderlich

Komparatoren:
- Erkennt automatisch Unterschiede zwischen erwartetem und unerwartetem Ergebnis
- Testroboter besitzt meistens Komparatoren

Beispiele von Testwerkzeugen:
- **Selenium** z.B.: für Oberflächenautomatisierung von Webanwendungen
- **HP UFT** z.B.: für Testautomatisierung von Webapplikationen, Desktop- und mobile Anwendungen, sowie Test über API-Schnittstellen sind möglich
- **VisualStudio Coded UI** Tests z.B.: für Testautomatisierung von Standard Windows Anwendungen und Webseiten.
- **SoapUI** z.B. für die Testautomatisierung von Webservice (SOAP und REST

Es gibt noch viele weitere sehr gute Werkzeuge, die oben aufgezählten stellen lediglich eine kleine Auswahl da.

Weitere Testwerkzeuge:

Werkzeuge für Management / Steuerung von Tests

Testmanagementwerkzeuge bieten Funktionen um Testfälle zu erfassen und zu verwalten. Dabei können diese unterschiedliche Aufgaben übernehmen: Überwachung des Status. z.B.: offene Defekte, Überdeckungsgrad der Testfälle, Reporting. Dabei helfen sie dem Testmanager die Tests zu planen (Zuordnung von Ressourcen innerhalb des Testplans).

Testmanagement- und Fehlermanagement-Werkzeuge stellen ausführliche Analyse und Berichtsfunktionen zur Verfügung, bis hin zur Generierung kompletter Testdokumentationen aus den verwalteten Daten.

Eine umfangreiche Werkzeugkette ermöglicht den Status von Anforderungen, die Testfalldurchführung und die Dokumentation der Testergebnisse bis hin zu den Fehlerwirkungen und Codeänderungen lückenlos zu verfolgen und zu dokumentieren. Transparenz und Nachverfolgbarkeit sind mittlerweile in vielen Unternehmen Pflicht.

- Anforderung Management
  Werkzeuge für das Anforderungsmanagement speichern und verwalten Informationen über Anforderungen und deren Status. Sie ermöglichen die Durchführung von Reviews und bieten eine Versionsverwaltung. Die Anforderungen können priorisiert werden und der Implementierungsstatus kann im Tool verfolgt werden. Werkzeugbeispiele: *JAMA , JIRA, HP ALM*
- Fehlermanagement Werkzeuge:
  Fehlermanagementwerkzeuge dienen dazu lokalisierte Fehlerwirkungen zu protokollieren und zu beschreiben, damit sie auf dieser Grundlage von dem Entwicklungsteam behoben werden können. Des Weiteren dienen diese Werkzeuge der Verwaltung der „Defects" und zur Erzeugung von Statistische Auswertungen und Reports. Werkzeugbeispiele: *Clear Quest; JIRA*
- Testdaten Werkzeuge:
  Unter Testdaten Werkzeuge zählen Testdatengeneratoren, welche den Testdesigner bei der Testdatenerstellung unterstützen. Folgende Testgeneratoren werden hierbei unterschieden. Ein Testdatengenerator ersetzt jedoch nicht die Erfahrung und Kreativität eines Testdesigners. Dieser muss beurteilen können, welche generierten Testaten für welchen Testfall geeignet sind und welche nicht.

  - **Datenbankbasierte Testgeneratoren:**
    - Verarbeitung von Datenbankschemata und Generierung von Testdaten
  - **Codebasierte Testdatengeneratoren:**
    - Testdatengewinnung durch die Analyse des Quelltextes
  - **Schnittstellenbasierte Testdatengeneratoren:**
    - Analysieren die Testobjektschnittstellen und erkennen die Definitionsbereiche der Schnittstellenparameter und generieren mittels Äquivalenzklassen und Grenzwertanalyse Testdaten.
  - **Spezifikationsbasierte Testdatengeneratoren:**
    - Leiten Testdaten und zugehörige Sollwerte aus einer Spezifikation ab (UML-Modell oder Sequenzdiagramm)

Einführung von Werkzeugen

Schnell, Effektiv und möglichst kostengünstig, so in etwa lautet das Motto der heutigen Zeit. Die Herausforderungen für Unternehmen steigen und auch die Anforderungen der Kunden wachsen. Die Einführung eines Werkzeuges soll maximal flexibel und ressourcensparend ausgerichtet sein. Dabei ist die Entscheidung zur Werkzeugeinführung oft keine aus dem Projekt, sondern aus den Abteilungen und setzt damit auch einen „change prozess" in Gange, welcher gesteuert und koordiniert werden muss.

Eine solche Werkzeugeinführung entspricht einem „Change Projekt" und ist oft mit anfänglicher Ablehnung von Seiten der Anwender begleitet. Gewohnte Prozesse ändern sich und das neue Tool muss die Anwender überzeugen. Beachtung sollte auch für die Zeiträume zur Erlernung des neuen Werkzeuges geschenkt werden.

Bevor ein neues Werkzeug eingeführt wird, sollten die wirtschaftlichen Argumente für die Werkzeugeinführung sprechen. Darunter fallen die Durchführung einer „Kosten & Nutzen Analyse". Automatisierungen können enorm viel Zeit sparen oder enorm viel zusätzliche Arbeit verursachen, wenn das Werkzeug den projektspezifischen Anforderungen nicht entspricht.

Eine Werkzeugeinführung in einem unüberschaubaren Projekt macht wenig Sinn, da Werkzeuge keine Struktur in ein unstrukturiertes Projekt bringen können. Ein Werkzeug kann niemals einen nicht vorhandenen Prozess ersetzten oder Unfähigkeiten im Projektmanagement ausbessern.

Werkzeugauswahl:

Wenn sich ihr Projekt oder ihr Unternehmen für eine Werkzeugeinführung entschieden hat, sollten nachfolgenden Punkte zur Auswahl des geeigneten Werkzeuges behandelt und analysiert werden.

- **Anforderungsspezifikation** für den Werkzeugeinsatz
  - o Welche (Test)-Aufgabe sollen durch das Werkzeuge unterstützt werden?
  - o Zusammenspiel mit Testobjekten
  - o Know-How der Mitarbeiter die das Werkzeug verwenden werden.
  - o Planung der Integration in eine vorhandene Entwicklungs-Umgebung / Testumgebung
  - o Plattformabhängigkeit? Zusatzsoftware notwendig?
  - o Service, Verlässlichkeit und Marktstellung des Werkzeuganbieters
  - o Lizenzbedingungen / Preis des Werkzeuges
- **Marktstudie** (Aufstellen einer Übersichtsliste für den Kandidaten)
- **Vorführung des Werkzeugs anhand einer Vorführung**
- **Evaluierung der Werkzeuge der engeren Wahl**
  - o Harmonie mit den vorhandenen oder geplanten Testobjekten?
  - o Entspricht die Leistung des Werkzeuges unseren Anforderungen?
- **Review der Werkzeuge und Werkzeugauswahl**
- **Werkzeugeinführung**
  - o Pilotprojekt in einem engeren Teilnehmerkreis
    - ▪ Das Pilotprojekt sollte nicht aus den Personen bestehen, die das Werkzeug ausgewählt haben, sondern unabhängig von der Werkzeugwahl sein.
  - o In den Businessprozessen verankern: Das Werkzeug soll die vorhandenen Prozesse unterstützen und sie nicht verkomplizieren oder aufblähen.
- **Breiteneinführung:**
  - o schrittweises Einführen in das Unternehmen.
  - o Benutzertrainings / Coachings der Werkzeugnutzer
  - o Richtlinien / Empfehlungen
  - o Einsatzerfahrungen sammeln und auswerten
  - o Akzeptanz Nutzen des Werkzeugs verfolgen und auswerten
  - o Kontinuierlichen Verbesserungsprozess etablieren, durch Evaluierungen und Werkzeugupdates

Übungsaufgaben

Im nachfolgenden zweiten Teil des Handbuches finden Sie Übungsaufgaben um ihr erworbenes Wissen zu testen und weiter zu festigen. Die Aufgaben diesen als Vorbereitung zu einer anschließenden Personen-Zertifizierung, welche von mehreren Anbietern angeboten wird. Solche Zertifizierungen sind heute ein wichtiger Bestandteil der Aus- und Weiterbildung von Testspezialisten. Mit Abschluss einer solchen Zertifizierung können sie ihr Wissen zum Thema „Grundlagen Softwaretest" nachweisen. Die Übungen sind unterschiedliche gestaltet, als Multiple Choice Verfahren, ähnlich wie bei der Zertifizierung, oder als offene Fragen, um Wissen zu festigen.

Übungsaufgaben 1
Grundlagen

Die Aufgaben sind im Multiple-Choice Verfahren gestellt. Es ist mindestens eine oder mehrere korrekte Antwort(en) unter (1), (2), (3) oder (4) evtl. auch (5) vorhanden

1. **Welche der folgenden Situationen, wenn sie in Reviews und Tests beobachtet werden, würden zu vergleichsweise schlimmen Konflikten innerhalb von gemischten Tester-Entwicklerteams führen?**
   1. Tester und Reviewer sind nicht genügend qualifiziert, um Fehler zu finden.
   2. Tester und Reviewer sind nicht genügend qualifiziert, um Fehler zu finden.
   3. Tester und Reviewer erwarten, dass Fehler im Software-Produkt bereits von den Entwicklern gefunden und behoben wurden.
   4. Tester und Reviewer kommunizieren Fehler als Kritik an Personen und nicht als Kritik an dem Software-Produkt.

2. **Welche der folgenden Formen sind typisch für Abnahmetests?**
   1. Test auf Benutzerakzeptanz
   2. White-Box-Test
   3. Robustheitstest
   4. Zweigtest

3. **Welcher der folgenden Aspekte ist nicht Teil des Merkmals Benutzbarkeit?**
   1. Verständlichkeit
   2. Fehlertoleranz
   3. Erlernbarkeit
   4. Bedienbarkeit

4. **Was sind Aspekte des Testens**
   A Fehler zu finden.
   B Sicherheit über den Qualitätslevel zu erlangen.
   C Den Grund für die Fehler zu finden.
   D Fehlerwirkungen vorzubeugen
   1. A, B und C
   2. A, C und D
   3. A, B und D
   4. B, C und D

5. **Was sind Teilaspekte der funktionalen Anforderungen?**
   A: Richtigkeit
   B: Effizienz

C: Sicherheit

D: Übertragbarkeit

1. A, B und C
2. A und C
3. A und D
4. C und D

6. **Durch die Teststrategie werden folgende Werte abgedeckt werden:**
   A. Testende Kriterien
   B. Priorisierung des Test und der Testfälle
   C. die geplante Werkzeugunterstützung
   D. die Testmethoden
   E. Festlegung der Testbedingungen

   1. A, B und D
   2. A und B
   3. Alle sind korrekt
   4. B, C und E

7. **Wie lässt sich das Merkmal der Effizienz am besten testen:**
   A: Lasttest
   B: Tests des Wiederanlaufverhaltens
   C: Stresstest
   D: Volumentest

   1. A, D und D
   2. A und C
   3. B und C
   4. A, B, und C

8. **Wie heißt die erste Phase in einem fundamentalen Testprozess?**
   1. Teststeuerung
   2. Testplanung
   3. Beginn
   4. Testanalyse

9. **Was sind funktionale Anforderungen?**
   A: Angemessenheit
   B: Interoperabilität
   C: Benutzbarkeit
   D: Prüfbarkeit

   1. A, B und D
   2. A und B
   3. A
   4. A, B, und C

10. **Abweichungen von der Spezifikation bezeichnet man als:**
    1. Fault
    2. Failure
    3. Defect
    4. Error

11. **Wie wird der Komponententest verifiziert und validiert**

1. durch Abgleich mit dem technischen Systementwurf
2. durch die Komponentenspezifikation
3. durch Abgleich mit dem Anforderungsdefinitionen
4. durch Abgleich mit dem funktionalen Systementwurf

12. Welche Aussagen sind korrekt?

A: Der Black-Box-Test ist eine Testmethode.

B: Testmethoden gehören nicht zur Teststrategie.

C: *Fehlerrisiko = Eintrittswahrscheinlichkeit × Fehlerschwere.*

D: Bei der Testplanung werden die Testziele festgelegt.

1. A und C
2. B , C und D
3. A, C und D
4. A, B, und D

13. Welcher Aspekt definiert nicht das Merkmal Zuverlässigkeit?

1. Reife
2. Fehlertoleranz
3. Wiederherstellbarkeit
4. Richtigkeit

14. Welche Aussagen sind korrekt?

A: Tests zeigen die Abwesenheit von Fehlern.

B: Software wird immer vollständig getestet.

C: Nur im Fall von Regressionstests und Fehlernachtests ist die Wiederholung mit gleichen Daten sinnvoll.

D: Sobald man einen Fehler in einer Komponente gefunden hat, sollte man diese nicht mehr testen, um noch Zeit für andere Komponenten zu haben

E: Keine Fehler gefunden bedeutet nicht automatisch, dass ein brauchbares System vorliegt.

1. A und E
2. A, B , und E
3. C und E
4. C und D

15. Welcher Aspekt definiert das Merkmal Änderbarkeit & Übertragbarkeit?

1. Modifizierbarkeit, Installierbarkeit, Bedienbarkeit, Verständlichkeit, Interoperabilität, Ordnungsmäßigkeit, Wiederherstellbarkeit und Prüfbarkeit
2. Angemessenheit, Richtigkeit, Interoperabilität, Ordnungsmäßigkeit und Sicherheit
3. Analysierbarkeit, Modifizierbarkeit, Stabilität, Prüfbarkeit, Anpassbarkeit, Installierbarkeit, Konformität und Austauschbarkeit
4. Verständlichkeit, Erlernbarkeit, Bedienbarkeit, Reife, Fehlertoleranz und Wiederherstellbarkeit.

16. Was ist ein Fault?

1. Fehlerzustand
2. Fehlerwirkung
3. Fehlhandlung
4. Fehlermaskierung

17. **Welcher Begriff passt nicht zu den übrigen Begriffen?**
    1. Prozessaudit
    2. Definition von Standards
    3. Logische Prüfung
    4. Definition von QS-Prozessen

18. **Was ist Debugging?**
    A: Lokalisieren von Fehlerzuständen
    B: Analysieren von Fehlerzuständen
    C: Dokumentieren von Fehlerzuständen
    D: Entfernen von Fehlerzuständen

    1. B und D
    2. B , C und D
    3. D
    4. A, B, und D

19. **Welche Ziele verfolgt das Testen?**
    A: Ausführung des Programms mit dem Ziel, Fehlerwirkungen nachzuweisen.
    B: Ausführung des Programms mit dem Ziel, die Qualität zu bestimmen.
    C: Ausführung des Programms mit dem Ziel, Vertrauen in das Programm zu erhöhen.
    D: Analysieren des Programms oder der Dokumentation, um Fehlerwirkungen vorzubeugen.

    1. Alle Aussagen sind richtig
    2. A , C und D
    3. B und C
    4. A, B, und D

20. **Was ist ein Error?**
    1. Fehlerzustand
    2. Fehlerwirkung
    3. Fehlhandlung
    4. Fehlermaskierung

Lösungen zu den Übungsaufgaben 1:

Frage:	richtige Antwort:	Ihre Antwort:
1	(4)	
2	(1)	
3	(2)	
4	(3)	
5	(2)	
6	(3)	
7	(1)	
8	(3)	
9	(2)	
10	(2)	
11	(2)	
12	(3)	
13	(4)	
14	(3)	
15	(3)	
16	(1)	
17	(3)	
18	(4)	
19	(1)	
20	(3)	

Übungsaufgaben 2
Abnahmetest

1) Welche Aussage(n) ist / sind richtig?
1. Der Abnahmetest stellt die einzige Teststufe da, in welcher der Akzeptanztest durchgeführt wird.
2. Die Sicht und das Urteil des Kundenstehen bei einem Abnahmetest im Vordergrund.
3. Nach Abschluss des Abnahmetests werden die Dokumente zum Test nicht mehr benötigt.
4. Der Abnahmetest wird in der Abnahmeumgebung des Kunden durchgeführt, welche soweit wie möglich der späteren Produktivumgebung entspricht.

2) Welche Aussage(n) ist / sind richtig?
1. Die Testkriterien für den Abnahmetest werden aus den gesetzlichen Vorschriften heraus entnommen.
2. Die Testkriterien für den Abnahmetest werden vom Kunden unmittelbar vor dem Abnahmetest festgelegt.
3. Die Testkriterien werden aus dem Entwicklungsvertrag entnommen.
4. Die Testkriterien für den Abnahmetest werden von den Testern des Kunden festgelegt.

3) Welche Aussage(n) ist / sind richtig?
1. Der Abnahmetest lässt sich in unterschiedliche Testvarianten unterteilen, die abhängig von der Projektumgebung, den Projektzielen und des Entwicklungsmodells sind.
2. Der Abnahmetest besteht immer aus einem Feldtest.

4) Füllen Sie die Lücken mit den passenden Begriffen.

Die Formen des Abnahmetests:

Folgenden Faktoren sind entscheidend für einen erfolgreichen Abnahmetest:

Der Test durch den Kunden, nach Erstellung einer Individualsoftware nennt sich _____. Der Kunde prüft, ob alle vertraglich festgelegten _____von der Software erfüllt werden. Ein Testkriterium ist die **Benutzer-** _____. Dieser Test ist zwingend erforderlich, wenn Kunde und Anwender _____Personen sind.

Eine weitere Form des Abnahmetests ist der Feldtest: Bei einem Feldtest wird die Software unter _____getestet.

Bei der inkrementellen Softwareentwicklung, wird das Produkt nicht „an einem Stück" entwickelt, sondern in einer geplanten Abfolge von _____und Zwischen Lieferungen an den Kunden. Diese müssen vom Kunden abgenommen werden, bevor mit der _____der nächsten Softwareversionen begonnen werden kann.

---

5) Erklären Sie folgendes Software-Entwicklungsmodell

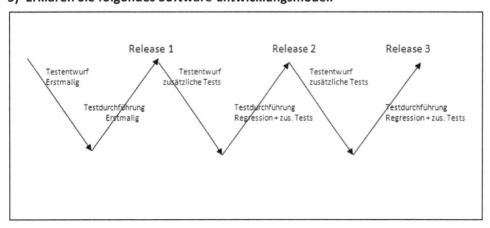

Lösungen zu den Übungsaufgaben 2:

Frage:	richtige Antwort:	Ihre Antwort:
1	2 und 4	
2	1 und 3	
3	1	

4 Die Formen des Abnahmetests:

Folgenden Faktoren sind entscheidend für einen erfolgreichen Abnahmetest:

Der Test durch den Kunden, nach Erstellung einer Individualsoftware nennt sich **Abnahmetest**.

Der Kunde prüft, ob alle vertraglich festgelegten **Anforderungen** von der Software erfüllt werden. Ein Testkriterium ist die **Benutzer-Akzeptanz**. Dieser Test ist zwingend erforderlich, wenn Kunde und Anwender **unterschiedliche** Personen sind.

Eine weitere Form des Abnahmetests ist der Feldtest: Bei einem Feldtest wird die Software unter **Realbedingungen** getestet.

Bei der inkrementellen Softwareentwicklung, wird das Produkt nicht „an einem Stück" entwickelt, sondern in einer geplanten Abfolge von **Versionsständen** und Zwischen Lieferungen an den Kunden. Diese müssen vom Kunden abgenommen werden, bevor mit der **Entwicklung** der nächsten Softwareversionen begonnen werden kann.

5   Erklären Sie folgendes Software-Entwicklungsmodel:

   <u>Model.:</u>

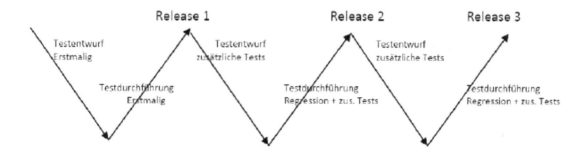

Die Skizze stellt vereinfacht ein inkrementelles Entwicklungsmodell dar, welches definiert wird durch die einzelnen Releases. In zeitlichen Abständen werden Entwicklungsfortschritte vom Kunden und dem Dienstleister festgelegt und in einem zeitlichen Rahmen vereinbart. Nach diesem zeitlichen Rahmen findet ein Abnahmetest durch den Kunden statt, in welchem die festgelegten Release-Anforderungen verifiziert werden auf Erfüllung. Dieser Prozess endet erst mit Beendigung des Entwicklungsprojektes. Das Model bietet enorme Vorteile für beide Seiten, schränkt den Dienstleister aber auch hinsichtlich der selbstständigen Vorgehensweise ein.

Übungsaufgaben 3

Komponententest

1) Welche Elemente auf der rechten Seite passen mit dem Element auf der linken Seite zusammen?

Komponententest	Softwarebausteine werden zum ersten Mal isoliert von anderen Bausteinen getestet
	Test, ob das Zusammenspiel der einzelnen Bausteine funktioniert.
	Klare Zuordnung bei einer Fehlerwirkung
	Kein komponentenexterner Einfluss
	Besondere Beachtung finden die Schnittstellen

2) Welche Aussage/n ist / sind richtig?

a) Nennen Sie die Testziele des Komponententests
1. Durch den Komponententest wird die Sicherheit der Anwendung getestet
2. Beim Komponententest werden die unterschiedlichen Komponenten der Software daraufhin getestet, wie die zusammen agieren
3. Es wird die Funktionalität der Komponente getestet
4. Der Komponententest wird im V-Modell eingeordnet
5. Es wird die Robustheit und Effizienz des Softwaremoduls getestet

b) Welche Aussage ist richtig?
1. Beim Komponententest werden alle Komponenten, unabhängig von der Größe der Software, mit einem White Box Test getestet
2. Der Komponententest ist die erste Teststufe innerhalb des V-Modells

3) Füllen Sie den unten stehenden Lückentext aus:

Der Softwaretest ist keine _____ für Fehlerfreiheit, da sich nicht alle _____ erzeugen lassen können. Daraus folgt stets, dass _____ Testen nicht möglich ist. Mit dem Softwaretest sollte zeitgleich oder unmittelbar nach dem Beginn der Programmierarbeiten begonnen werden. Oft befindet sich nur in _____ Teilen eines Testobjektes die meisten _____, eine Gleichverteilung ist _____ gegeben. Neue Fehlerwirkungen werden durch die Automatisierung und Wiederholung der Tests _____ aufgedeckt. Meist befinden sich diese neuen, unentdeckten Fehlerwirkungen in _____ Programmteilen. Testen ist _____ vom Umfeld des Softwareeinsatzes. Unabhängig von der Fehleranzahl sollte das Programm / die Software den _____ der potenziellen Nutzer entsprechen. Deshalb sollten Diese rechtzeitig miteinbezogen werden.

Lösungen zu den Übungsaufgaben 3

1) Welche Elemente auf der rechten Seite passen mit dem Element auf der linken Seite zusammen?

Komponententest

- Softwarebausteine werden zum ersten Mal isoliert von anderen Bausteinen getestet
- Test, ob das Zusammenspiel der einzelnen Bausteine funktioniert.
- Klare Zuordnung bei einer Fehlerwirkung
- Kein komponentenexterner Einfluss
- Besondere Beachtung finden die Schnittstellen

Die korrekte Lösung ist „grau" markiert.

2) Welche Aussage/n ist / sind richtig?

Frage:	richtige Antwort:	Ihre Antwort:
2a	3, 4 und 5	
2b	2	

3) Füllen Sie den unten stehenden Lückentext aus:

Der Softwaretest ist keine **Garantie** für Fehlerfreiheit, da sich nicht alle **Fehler** erzeugen lassen können.
Daraus folgt stets, dass **vollständiges** Testen nicht möglich ist. Mit dem Softwaretest sollte zeitgleich oder unmittelbar nach dem Beginn der Programmierarbeiten begonnen werden. Oft befindet sich nur in **wenigen**
Teilen eines Testobjektes die meisten **Fehlerwirkungen** eine Gleichverteilung ist **nicht** gegeben. Neue Fehlerwirkungen werden durch die Automatisierung und Wiederholung der Tests **nicht** aufgedeckt.
Meist befinden sich diese neuen, unentdeckten Fehlerwirkungen in **ungetesteten** Programmteilen.
Testen ist **abhängig** vom Umfeld des Softwareeinsatzes.
Unabhängig von der Fehleranzahl sollte das Programm / die Software den **Wünschen** der potenziellen Nutzer entsprechen. Deshalb sollten Diese rechtzeitig miteinbezogen werden.

Übungsaufgaben 4

Integrationstest

---

1)Welche Elemente auf der rechten Seite passen mit dem Element auf der linken Seite zusammen?

Test, ob das Zusammenspiel aller Einzelbausteine korrekt funktioniert.

Keine Garantie für einwandfreie Funktion

Test der Schnittstellen

Integrationstest

Test des integrierten Systems, ob spezifizierte Anforderungen vom Produkt erfüllte werden

---

2) Welche Aussage/n ist / sind richtig?

a) Nennen Sie die Testziele des Integrationstests
1. Es wird ermittelt, ob die einzelnen Komponenten der Software funktionieren.
2. Es wird ermittelt, on eine Komponente syntaktisch falsche Daten übermittelt.
3. Es wird überprüft, ob die Daten zum richtigen Zeitpunkt übergeben werden.
4. Der Integrationstest ist in der ersten und dritten Teststufe des V-Modells angeordnet.
5. Durch den Integrationstest wird die Funktion des Systems als Ganzes überprüft.

b) Welche Aussage ist richtig?
1. Die Testumgebung des Integrationstests kann die gleiche sein, wie die des Komponententests
2. Beim Integrationstest werden Monitore benötigt, welche die Datenbewegung zwischen den einzelnen Komponenten mitlesen.

---

3) Füllen Sie den unten stehenden Lückentext aus:

Psychologie des Testens: Der Entwickler hat meist eine andere _____ auf sein programmiertes Software-Modul und möchte deshalb möglichst wenig _____ finden. Entwickler haben dagegen mehr Interesse für das

_____ als für den Test ihrer eigenen Software. Die möglichen Folgen die sich daraus ergeben können sind:
° _____ gegenüber eigenen Fehlern
° Designfehler können nur schwer vom Entwickler erkannt werden
Dennoch ist ein Entwicklertest _____ da er grobe Fehlerwirkungen abfängt und somit das Testteam entlastet.
Der _____ entscheidet darüber, ob der _____ als alleiniger Test ausreichend ist, abhängig von den damit verbundenen _____.

Lösungen zu den Übungsaufgaben 4

---

1) Welche Elemente auf der rechten Seite passen mit dem Element auf der linken Seite zusammen?

| Integrationstest |

Test, ob das Zusammenspiel aller Einzelbausteine korrekt funktioniert.

Keine Garantie für einwandfreie Funktion

Test der Schnittstellen

Test des integrierten Systems, ob spezifizierte Anforderungen vom Produkt erfüllte werden

---

Die korrekte Lösung ist „grau" markiert.

2) Welche Aussage/n ist / sind richtig?

Frage:	richtige Antwort:	Ihre Antwort:
2a	2 und 3	
2b	1 und 2	

---

3) Füllen Sie den unten stehenden Lückentext aus:

Psychologie des Testens: Der Entwickler hat meist eine andere **Sicht** auf sein programmiertes Software-Modul und möchte deshalb möglichst wenig **Fehler** finden. Entwickler haben dagegen mehr Interesse für das **Programmieren** als für den Test ihrer eigenen Software. Die möglichen Folgen die sich daraus ergeben können sind:

° **Blindheit** gegenüber eigenen Fehlern

° Designfehler können nur schwer vom Entwickler erkannt werden

Dennoch ist ein Entwicklertest **sinnvoll / hilfreich** da er grobe Fehlerwirkungen abfängt und somit das Testteam entlastet.

Der **Testmanager** entscheidet darüber, ob der **Entwicklertest** als alleiniger Test ausreichend ist, abhängig von den damit verbundenen **Risiken**

Übungsaufgaben 5

Systemtest

1) Welche Aussage zum „Systemtest" ist korrekt?

1. Der Kunde ist am Systemtest unmittelbar und über die komplette Projektlaufzeit hinweg beteiligt.
2. Der Systemtest ist die dritte Teststufe des allgemeinen V-Modells.
3. Der Systemtest ist die vierte Teststufe des allgemeinen V-Modells.
4. Test des integrierten Systems, ob alle spezifischen Anforderungen vom Produkt erfüllt werden.

2) Welche Aussage(n) sprechen für einen Systemtest

1. Beim Systemtest werden vor allem die Schnittstellen der einzelnen Module auf Fehler hin untersucht.
2. Der Systemtest ist von großer Bedeutung, da hier viele Funktionen und Systemeigenschaften des Systems überprüft werden.
3. Der Systemtest betrachtet die einzelnen Module als ganzes System.
4. Beim Systemtest werden die einzelnen Module in Clustergruppen unterteilt und getestet.

3) Welche Aussage(n) ist / sind richtig?

1. Zu Beginn des Systemtests ist laut Bourne97 erst ½ der Testaktivitäten abgeschlossen.
2. Zu Beginn des Systemtests ist laut Bourne97 erst ¾ der Testaktivitäten angeschlossen.
3. Da der Systemtest das komplette System testet, muss Dieser auf dem Produktivsystem durchgeführt werden.
4. Die Durchführung des Systemtest, auf dem Produktivsystem des Kunden wird empfohlen, da diese Umgebung den realen Bedingungen entspricht.

---

4) Füllen Sie den unten stehenden Lückentext aus:

Systemtest: Beim _____ gilt es herauszufinden, ob das fertige System die gestellten _____ (funktionale und nicht –funktionale) erfüllt oder nicht. Außerdem dient der Systemtest dazu, widersprüchlich umgesetzte _____ aufzudecken. Ein häufiges Problem bei Software Projekten sind unzureichende Kundenanforderungen. Häufig existieren die Anforderungen in den Köpfen der Stakeholder, wurden jedoch -während der Planungsphase- nicht schriftlich festgehalten. Aus diesem Grund _____ der Systemtest _____ **und** _____, welche im Voraus unterblieben sind. Solche _____ Prozesse sind _____ und _____. Viele Projekte _____ an diesem Punkt, da die Anforderungen nicht vollständig oder fehlerhaft erfasst wurden.

Lösungen zu den Übungsaufgaben 5

Frage:	richtige Antwort:	Ihre Antwort:
1	2 und 4	
2	2 und 3	
3	1	

4) Füllen Sie den unten stehenden Lückentext aus:

Systemtest: Beim **Systemtest** gilt es herauszufinden, ob das fertige System die gestellten **Kundenanforderungen** (funktionale und nicht –funktionale) erfüllt oder nicht. Außerdem dient der Systemtest dazu, widersprüchlich umgesetzte **Anforderungen** aufzudecken. Ein häufiges Problem bei Software Projekten sind unzureichende Kundenanforderungen. Häufig existieren die Anforderungen in den Köpfen der Stakeholder, wurden jedoch -während der Planungsphase- nicht schriftlich festgehalten. Aus diesem Grund **erzwingt** der Systemtest **Klärungs- und Entscheidungsprozesse**, welche im Voraus unterblieben sind. Solche **nachträglichen** Prozesse sind **kostenintensiv** und **zeitaufwendig**. Viele Projekte **scheitern** an diesem Punkt, da die Anforderungen nicht vollständig oder fehlerhaft erfasst wurden.

Übungsaufgaben 6
V-Modell

1)Verbinden Sie die korrekten Elemente

Anforderungsdefinition	Die Anforderungen werden zu Funktions- und Dialogabläufe, des neuen Systems abgebildet
Komponentenspezifikation	Implementierung der einzelnen Bausteine in einer Programmiersprache
Funktionaler Systementwurf	Wünsche und Anforderungen des Auftraggebers werden gesammelt und spezifiziert
Programmierung	Für jedes Teilsystem werden Aufgaben, Verhalten und Schnittstellen zu anderen Teilsystemen definiert.
Technischer Systementwurf	Ablauf: Entwurf der technischen Realisierung, Definition der Schnittstellen, Zerlegung in Teilsysteme

2) Welche Aussage(n) sind / ist richtig?

1. Entwicklungsarbeiten und Testarbeiten sind vor- und nachgelagerte Tätigkeiten die den Bedingungen des allgemeinen V-Modells entsprechen.
2. Entwicklungsarbeiten und Testarbeiten sind korrespondierende und gleichberechtigte Tätigkeiten.
3. Das allgemeine V-Modell ist in zwei Äste untergliedert. Der Linke Ast enthält die Anforderungsanalysen, Entwürfe und Entwicklungen, der rechte Ast enthält die Testaktivitäten.

3) Wie viele Teststufen beinhaltet das allgemeine V- Modell

1. 1
2. 2
3. 3
4. 4
5. 5

4) Beschriften Sie das Modell, wie im Beispiel (1)

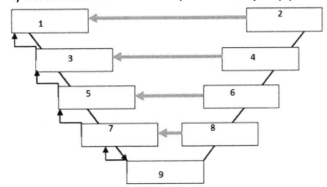

(1) _____Anforderungsdefinition_____
(2)_____
(3)_____
(4)_____
(5)_____
(6)_____
(7)_____
(8)_____
(9)_____

Lösungen zu den Übungsaufgaben 6

1)Verbinden Sie die korrekten Elemente

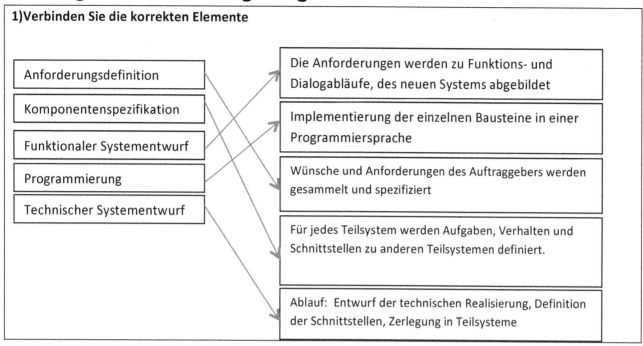

Frage:	richtige Antwort:	Ihre Antwort:
2	2 und 3	
3	4	
4.1	Anforderungsdefinition	
4.2	Abnahmetest	
4.3	Funktionaler Systementwurf	
4.4	Systemtest	
4.5	Technischer Systementwurf	
4.6	Integrationstest	
4.7	Komponentenspezifikation	
4.8	Komponententest	
4.9	Programmierung	

Übungsaufgaben 7

Testwerkzeuge

---

1) Welche Elemente auf der rechten Seite passen mit dem Element auf der linken Seite zusammen?

CAST

„Computer Aided Software Engineering"

Tool zur Unterstützung oder zur Automatisierung von Testarbeiten

Tool zur Programmierung von Software

„Computer Aided Software Testing"

---

2) Welche Aussage/n ist / sind richtig?

1. Die Integration unterschiedlicher Testwerkzeugen gewinnt mehr und mehr an Bedeutung.
2. Die einzelnen Werkzeuge werden unabhängig voneinander gesteuert.
3. Aus dem "Requirement -Management-Tool" werden Anforderungen importiert und zur Planung herangezogen.
4. Für die Steuerung der einzelnen Werkzeuge untereinander empfiehlt sich ein Testmanagementwerkzeug.

3) Nennen Sie drei unterschiedliche Testdatengeneratoren und beschreiben Sie deren Funktionsweise knapp

a)_____

_____

_____

b)_____

_____

_____

c)_____

_____

_____

4) Welche Aussage/n ist / sind richtig?

1. Testdatengeneratoren leisten einen wichtigen Beitrag zur Priorisierung der Testfälle.
2. Testdatengeneratoren können mit Hilfe von Grenzwertanalyse und Äquivalenzklassenbildung einen Beitrag zur Verbesserung der Softwarequalität leisten.
3. Testdatengeneratoren ersetzten nicht die Kreativität des Testdesigners.

Lösungen zu den Übungsaufgaben 7

1) Welche Elemente auf der rechten Seite passen mit dem Element auf der linken Seite zusammen?

	„Computer Aided Software Engineering"
CAST	Tool zur Unterstützung oder zur Automatisierung von Testarbeiten
	Tool zur Programmierung von Software
	„Computer Aided Software Testing"

Die korrekte Lösung ist „grau" markiert.

Frage:	richtige Antwort:	Ihre Antwort:
2	1, 3 und 4	
3	*Datenbankbasierte Testdatengeneratoren* • Testdatenbestände werden aus Datenbankschemata / Datenbankinhalten generiert *Codebasierte Testdatengeneratoren* • Testdatenbestände werden direkt aus dem Programm-Quellcode heraus generiert. • Vergessene Anweisungen im Programm werden damit nicht aufgedeckt • Für die Generierung von Test-Soll-Daten wird zusätzlich ein Testorakel benötigt *Schnittstellenbasierte Testdatengeneratoren* • Testdaten werden aus den Schnittstellenparametern abgeleitet. • Für unterschiedliche Schnittstellenarten gibt es unterschiedliche Werkzeuge (z.B.: technische Programmschnittstellen oder Benutzerschnittstellen wie Oberflächen etc) • Für die Generierung von Test-Soll-Daten wird zusätzlich ein Testorakel benötigt • *Ideal für Negativtestfälle und Simulation von unterschiedlichen Benutzereingaben* *Spezifikationsbasierte Testdatengeneratoren* • Testdatenbestände werden direkt aus der Spezifikation abgeleitet. Diese muss in einem festgelegten Format existieren	
4	2 und 3	

Übungsaufgaben 8

1) Testen der Funktionalität / Welche Aussage/n ist / sind richtig?

1. Die Funktionalität besagt, was das System zu leisten hat.
2. Funktionale Tests kommen in allen Testebenen - mit Ausnahme des Integrationstests, zum Einsatz.
3. Funktionale Tests betrachten, das von außen sichtbare Verhalten der Software (Black-Box-Tests).
4. Funktionale Tests werden nach den „Nicht-funktionalen-Tests" durchgeführt.

2) Welche Aussage/n ist / sind richtig?

1. „Nicht-funktionale Tests" werden vor den „funktionalen-Tests" durchgeführt.
2. Die Testmerkmale von „Nicht-funktionale Tests" sind: Performanz, Last, Benutzbarkeit, Wartbarkeit, Zuverlässigkeit und Portabilität.
3. „Nicht-funktionale Tests" betrachten das nach außen hin sichtbare Verhalten der Software. Dabei wird das „Black-Box-Testentwurfsverfahren" angewandt.

3) Welche Aussage/n ist / sind richtig?

1. Strukturelles Testen = „Black-Box-Test"
2. Strukturelles Testen = „White-Box-Test"
3. Strukturelle Tests können in allen Teststufen angewandt werden.
4. Die strukturellen Tests erhöhen nicht die Testfallüberdeckung, da nur die internen Elemente überprüft werden.
5. Anweisungs- und Entscheidungsüberdeckungs-Test sind strukturelle Tests

4) Regressionstest: Welche Aussage/n ist / sind richtig?

1. Der Regressionstest ist das wiederholte Testes einer Software nach einer Softwareänderung
2. Die Testfälle, die für den Regressionstest vorgesehen sind müssen wiederholbar sein
3. Der Regressionstest hat die Aufgabe, zu Überprüfen ob Modifikationen und Veränderungen in der Software fehlerfrei funktionieren.
4. Der Regressionstest wird stets automatisiert durchgeführt

5) Statisches Testen: Welche Aussage/n ist / sind richtig?

1. Statische Tests setzen die Ausführung der zu testenden Software voraus.
2. Reviews gehören zu den statischen Tests.
3. Reviews können komplett manuell durchgeführt werden und folgen nach den dynamischen Tests.
4. Reviews können durch Werkzeuge unterstützt werden und werden lange vor den dynamischen Tests durchgeführt.

6) Welche Prozess-Reihenfolge, zum Review-Prozess ist korrekt?

1. Vorbereitungsmeeting, Planen, individuelle Vorbereitung, Review-Sitzung, Überarbeiten, Nacharbeiten
2. Planen, Vorbereitungsmeeting, individuelle Vorbereitung, Review-Sitzung, Überarbeiten, Nacharbeiten
3. individuelle Vorbereitung, Vorbereitungsmeeting, Planen , Review-Sitzung, Überarbeiten, Nacharbeiten

7) Verbinden Sie die Namen der Review-Arten zu den dazugehörigen Erläuterungen

(1) informelles Review		(a) Die Sitzung wird durch den Autor geleitet. Die Variante kann in der Praxis von sehr formell bis informell variieren.
(2) Walkthrough		(b) Kann in Form des „pair-programming" durchgeführt werden. Es handelt sich um eine günstige Variante der Review-Sitzung.
(3) Technisches Review		(c) Diese Variante der Review-Sitzung ist die formalste. Sie wird durch einen geschulten Moderator geleitet, welcher nicht gleichzeitig der Autor des Prüfelements sein darf. Die Rollen, welche für die Sitzung benötigt werden sind klar definiert.
(4) Inspektion		(d) Der Zwecks dieser Review-Art dient dazu, technische Probleme aufzudecken. Die Variante kann in der Praxis von sehr formell bis informell variieren.

8) Welche Fehlerzustände lassen sich durch eine werkzeuggestützte Analyse entdecken?
1. Referenzieren einer Variablen, mit nicht definiertem Wert
2. Inkonsistente Schnittstellen zwischen Modulen und Komponenten
3. Ineffizienz der Benutzermasken
4. fehlende oder falsche Logik (mögliche Endlosschleifen)

9) Definieren Sie das erfahrungsbasierte Testentwurfsverfahren
1. Das Wissen und das Verständnis von Unbeteiligten wird zur Ableitung der Testfälle genutzt
2. Die Testfälle werden aufgrund des Verständnisses der Tester entworfen
3. Das Wissen über vermeidliche Fehlerzustände ist eine Informationsquelle, zur Ableitung von Testfällen

10) Ordnen Sie die Test-Verfahren der entsprechenden Gruppe zu

(1) Black-Box-Test		(a) Anweisungsüberdeckung
(2) White-Box-Test		(b) Äquivalenzklassenbildung
		(c) Entscheidungstest
		(d) Grenzwertanalyse
		(e) zustandsbezogener Tests
		(f) Entscheidungstabellentest

Lösungen zu den Übungsaufgaben 8

Frage:	richtige Antwort:	Ihre Antwort:
1	(1) und (3)	
2	(2) und (3)	
3	(2) / (3) und (5)	
4	(1) und (2)	
5	(2) und (4)	
6	(2)	
7	1 - B	
	2 – A	
	3 – D	
	4 –C	
8	(1) / (2) und (4)	
9	(2) und (3)	
10	(1) – (a) und (c)	
	(2) – (b) / (d) und (e)	

Übungsaufgaben 9
Spezifische Systeme

1.1) Welche Aussagen zu Multisystemen sind richtig?
(1) Multisysteme werden schrittweise Zusammengefügt.
(2) Multisysteme bestehen immer aus unabhängigen Einzelsystemen.
(3) Multisysteme sind weniger Fehleranfällig als Einzelsysteme.

1.2) Welche Aussagen zu Multisystemen sind falsch?
(1) Die Entwicklung von Multisystemen ist nicht zeitaufwendiger
als die Entwicklung von Einzelsystemen
(2) Teststufen müssen bei Multisystemen sowohl mit ihrem eigenen
Detaillierungsgrad als auch auf einer höheren Integrationsstufe berücksichtigt
werden.

1.3) Was sind Sicherheitskritische Systeme?
(1) Ausfälle führen immer zu lebensgefährlichen Situationen.
(2) Ausfälle haben katastrophale oder kritische Konsequenzen.
(3) Der Lieferant eines solchen Systems kann bei Ausfällen
zu Schadensersatz herangezogen werden.

1.4) Welche Aspekte sind wichtig für Sicherheitskritische Systeme?
(1) Die Anforderungen müssen zumindest allen Projektverantwortlichen
mündlich mitgeteilt werden.
(2) Anforderungen müssen zurückverfolgt werden können, um zu Testen und um
Sicherzustellen, dass Diese (die Anforderungen) auch erfüllt wurden.
(3) Der Schwerpunkt liegt hier auf der Quantität des Systems.
(4) Ein qualitativ hochwertiges System ist unbedingt wichtig.

Metriken und Messung

2.1) Was sind erfassbare Größen innerhalb der Projektorganisation?
(1) Zeitplan
(2) Überdeckungsgrad und zeitliche Entwicklung
(3) Meilensteine
(4) Nicht gefundene Fehlerwirkungen
(5) Risiken und Maßnahmen zur Risikominderung

2.2) Welcher ist der korrekte Ablauf , bezogen auf Metriken
(1) Metriken verfolgen, Metriken definieren, Metriken berichten
(2) Metriken aufsetzten, Metriken unregelmäßig sammeln, Metriken berichten
(3) Metriken definieren, Metriken verfolgen, Metriken berichten

Spezifikationsorientierte Testverfahren

3.1) Nennen Sie Merkmale von spezifikationsorientierte Testverfahren
(1) Die Spezifikation der Software orientiert sich an der Erfahrung des Tester.
(2) Die Spezifikation beruht auf formellen oder informellen Modellen.

3.2) Welches Testverfahren ist ein spezifikationsorientiertes Testverfahren?

    (1) Grenzwertanalyse

    (2) Entscheidungstabellentest

    (3) Äquivalenzklassentest

    (4) Zustandsbasiertes Testen

Strukturorientierte Testverfahren

4.1) Was sind Strukturorientierte Testverfahren?

    (1) White-Box Tests

    (2) Black-Box Tests

    (3) codebasierte Testverfahren

4.2) Welche Aussage(n) ist/ sind richtig?

    (1) Die Spezifikation des zu lösenden Problems, der Software oder ihrer Komponenten beruht auf formellen oder informellen Modellen.

    (2) Strukturorientierte Testverfahren werden aus Informationen darüber abgeleitet, wie die Software aufgebaut ist.

    (3) Der Überdeckungsgrad der Software lässt sich für die bestehenden Testfälle messen.

4.3) Welche Tests sind Strukturorientierte Testverfahren?

    (1) Entscheidungsüberdeckungstest

    (2) Einfacher Bedingungstest

    (3) Anwendungsfallbasiertes Testen

    (4) Klassifikationsbaumverfahren

Fehlerbasierte Testverfahren

5.1) Welche Aussagen sind richtig?

    (1) In der Praxis sind die Kriterien für Überdeckungsgrade bei fehlerbasierten Testentwurfsverfahren sehr systematisch.

    (2) Das Verfahren liefert auch Kriterien für den Überdeckungsgrad, der entscheidet, wann die Ableitung von Tests abgeschlossen werden kann.

5.2) Was ist eine Fehlertaxonomie?

    (1) Der Tester, der eine Fehlertaxonomie verwendet, wählt ein potenzielles Problem zur Analyse frei aus.

    (2) Der Tester, der eine Fehlertaxonomie verwendet, wählt ein potenzielles Problem zur Analyse aus der Liste.

    (3) Der Tester, der eine Fehlertaxonomie verwendet, wählt ein potenzielles Problem zur Analyse nicht aus, sondern arbeitet erfahrungsgemäß.

Lösungen zu den Übungsaufgaben 9

Frage:	richtige Antwort:	Ihre Antwort:
1.1	(1)	
1.2	(1)	
1.3	(2) und (3)	
1.4	(2) und (4)	
2.1	(1) / (2) / (3) und (5)	
2.2	(3)	
3.1	(2)	
3.2	(1) / (2) / (3) und (4)	
4.1	(1) und (3)	
4.2	(2) und (3)	
4.3	(1) und (2)	
5.1	(2)	
5.2	(2)	

Übungsaufgaben 10

1) Was sind die Aufgaben eines Test-Analysten?
1. Konzentration auf die funktionalen Eigenschaften einer Software wie:
   - spezifikationsorientierte Testverfahren,
   - Review-Technik auf fachspezifische Dokumente
2. Unterstützung im Test der Software

2) Was ist ein Multisystem?
1. Die einzelnen Softwarekomponenten sind wiederverwendbar.
2. Die Bestandteile eines Multi-Systems sind verschiedene Einzelsysteme, die selbst als System bezeichnet werden können.
3. Das Auftreten eines Fehlers bei Multisystemen ist oft lebensgefährlich.
4. Diese Systeme enthalten immer Komponenten, deren Befehlsausführzeiten für das Funktionieren des gesamten Systems verantwortlich sind.

3) Was sind spezifikationsorientierte Testverfahren?
1. Äquivalenzklassenbildung
2. Entscheidungstest
3. Grenzwertanalyse
4. Klassifikationsbäume

4) Welche Aussage(n) ist / sind korrekt – hinsichtlich Interoperabilität?
1. Interoperabilitätstests sind relevant, wenn sich Software mit anderen Softwarekomponenten eine Produktivumgebung teilen muss.
2. Identifizieren von Schwachstellen in der Software bezogen auf die Sicherheit.
3. Zufriedenheitsmessung anhand der Softwareeffektivität und Effizienz
4. Grundvoraussetzung für Interoperabilitätstests ist das Erfassen der Einstellungen der zukünftigen Produktivumgebung.

5) Wie können folgenden Testverfahren kategorisiert werden?
(Performanz Test, Last Test, Stresstest, Skalierbarkeitstest, Ressourcennutzung)
1. Grundsätzlich strukturelle Testverfahren
2. Benutzbarkeitstests
3. Effizienztests
4. Nicht-Funktionale Tests

6) Was wird benötigt um Effizienz Tests durchführen zu können?
1. Dodierungsstandards
2. Fachwissen
3. Softwarespezifikation

7) Welche der nachfolgenden Aussagen (1) – (3) passen zu:
„Je früher der Test beginnt, desto früher erhält man ein Feedback
um wichtige Entscheidungen treffen zu können."
1. Mit dem Test der Anwendung sollte so früh wie möglich begonnen werden um die Kosten des Test-Personals zu rechtfertigen.
2. Mit dem Testen sollte so früh wie möglich begonnen werden, um möglichst viele Fehler in der Spezifikation rechtzeitig zu finden.
3. In einer frühen Projektphase werden Dokumente hinsichtlich Ihrer fachlichen Richtigkeit überprüft

8) Bei welchem Test werden Nutzungsprofile angelegt?
1. Effizienztests
2. Sicherheitstests

9) Was ist das Ziel von Sicherheitstests?
1. Überschreitung von Längen in Eingabefeldern
2. um unberechtigten Zugriff auf ein Programm zu verhindern
3. Code der absichtlich negative Auswirkungen auf das Programm hat

10) Was bedeutet „SQL Injection"
1. Eine Injektion von „bösem Programmcode, der durch das Firmen-Netzwerk in den Softwarecode hinzugefügt wird.
2. Eine „SQL Injektion" ist ein Sicherheitsangriff, der die Last des Netzwerks immer soweit ansteigen lässt, dass es für andere Benutzer unmöglich ist, die Anwendung zu nutzen.
3. Eine Injektion von „bösem Programmcode über die Eingabefelder einer Eingabemaske

11) Welche Aussage(n) beschreibt / beschreiben ein Review am ehesten?
1. Kommunikationsprotokolle werden dynamisch ausgeführt
2. Test der Virenschutzsoftware durch eine Anweisungstest
3. Dokumente der Sicherheitsarchitektur werden im Team geprüft

12) Was sind Review-Arten?
1. Walkthroughs
2. Technisches Review
3. Inspektion
4. Dynamische Analyse
5. Anforderungsreview

13) Welche Aussage(n) beschreibt / beschreiben eine Inspektion?
1. Eine Inspektion ist eine formale Form des Reviews.
2. Eine Inspektion ist wenig effektiv beim Finden von Fehlern.
3. Eine Inspektion ist immer geknüpft an einen vertraglichen Meilenstein.

14) Welche Aussage(n) beschreibt / beschreiben ein Audit?
1. Ein Audit ist effektiv beim Finden von Fehlern.
2. Ein Audit ist die formalste Review-Art.
3. Ein Audit gibt immer Entscheidungen für zukünftige Schritte im Projekt vor.

15) Welche Aussage(n) beschreibt / beschreiben ein Design-Review?

1. Im Design-Review werden die Vorgehensweise und die Vorschläge für den technischen Entwurf gesammelt und überprüft.
2. Im ersten Schritt des Design-Reviews werden die Vorgehensweise und die Vorschläge für den technischen Entwurf gesammelt.
3. Im zweiten Schritt eines Design-Reviews werden die Vorgehensweise und die Vorschläge für den technischen Entwurf geprüft.
4. Das Design-Review wird immer von einem Moderator geleitet.

16) Welche Aussage(n) beschreibt / beschreiben eine Review-Sitzung?
1. Als Moderator des Reviews kann ein Mitarbeiter aus dem Entwicklungsteam gewählt werden.
2. Der Moderator muss entsprechend geschult sein.
3. Der Testmanager leitet zusammen mit dem Moderator die Review-Sitzung.
4. Alle Mitarbeiter, die an der Review-Sitzung teilnehmen müssen entsprechend der Review-Art geschult werden.

17) Welche Ziele hat der Werkzeugeinsatz in einem Testprojekt?

1. Die Effizienz wird immer erhöht
2. Datenverlust wird reduziert
3. Automatisierung des Testprozesses
4. Testwerkzeuge sind unabhängig von den gelieferten Informationen

18) Was ist ein Hauptwerkzeug in einem Testprojekt?
1. Testmanagementwerkzeuge
2. Simulations- und Emulationswerkzeuge
3. Statische und dynamische Analysewerkzeuge

19) Welches Tool übernimmt die Aufgabe: „Vergleich der erhaltenen Resultate anhand einer Checkliste für automatische Tests"?
1. Orakel
2. Komparatoren
3. Kompensatoren
4. Kombinationsgenerator

20) Wer / Was bestimmt die Anzahl der Testfälle, die automatisiert werden sollen?
1. Nur die Automatisierungscheckliste
2. Die Testfälle, die zur manuellen Ausführung bereitstehen
3. Der Defektmanager
4. Anhand (1) und (2)

21) Welche Aussage(n) ist/ sind richtig?
1. Vor dem Kauf eines Werkzeuges muss eine Analyse durchgeführt werden, in welcher alle Stakeholder miteinbezogen werden.
2. Vor dem Kauf eines Werkzeuges muss eine Analyse durchgeführt werden. Anschließend wird durch die Testmanager entschieden, ob das Werkzeug eingeführt wird.
3. Das Werkzeug muss sich langfristig amortisieren.

22) Welches Werkzeug wurde vermutlich eingeführt, wen folgenden Aussage getroffen wird: „Das Werkzeug ist perfekt auf unsere Projekt-Bedürfnisse abgeschnitten"
1. Eigen-entwickeltes Werkzeug
2. Kauf eines Standard Tools
3. Freeware-Tool

23) Welches Werkzeug wurde vermutlich eingeführt, wen folgenden Aussage getroffen wird: „Das Werkzeug muss zertifiziert sein, um bei den Sicherheitstests zugelassen zu werden"?
1. Eigen-entwickeltes Werkzeug
2. Kauf eines Standard Tools
3. Freeware-Tool

Lösungen zu den Übungsaufgaben 10

Frage:	richtige Antwort:	Ihre Antwort:
1	(1) und (2)	
2	(1) und (2)	
3	(1) / (3) und (4)	
4	(1) und (4)	
5	(3) und (4)	
6	(2) und(3)	
7	(2) und (3)	
8	(1)	
9	(2)	
10	(3)	
11	(3)	
12	(1) / (2) / (3) und (5)	
13	(1)	
14	(2)	
15	(2) und (3)	
16	(2) und (4)	
17	(2) und (3)	
18	(1)	
19	(2)	
20	(4)	
21	(1) und (3)	
22	(1)	
23	(3)	

Übungsaufgaben 11

1) Welche Aussage(n) passt / passen am ehesten zu „Softwarequalität"?

1. Softwarequalität umfasst unter anderem die Funktionalität, die Zuverlässigkeit, die Benutzbarkeit sowie die Änderbarkeit.
2. Die Softwarequalität bezieht sich nur auf die Performance des Software-Produktes.
3. Die Softwarequalität beschränkt sich auf die Projektdokumentation, da hier die Qualitätsmerkmale für die Software beschrieben werden.
4. Alle Aussagen sind richtig.

2) Was sind logische Testfälle?

1. Logische Testfälle sind Testfälle mit konkreten Werten für Ein- und Ausgabe.
2. Logische Testfälle sind Testfälle ohne konkrete Werte für Ein- und Ausgabe.
3. Logische Testfälle werden vor den konkreten Testfällen entworfen
4. Logische Testfälle sind die Grundlage für Performanz Tests

3) Welches Element (1), (2) oder (3) beschreibt die Reihenfolge des fundamentalen Testprozesses?

1. *Steuerung und Planung*
   a. Realisierung und Durchführung
   b. Analyse und Design
   c. Auswertung und Bericht
   d. Abschluss
2. *Planung und Steuerung*
   a. Realisierung und Durchführung
   b. Auswertung und Bericht
   c. Analyse und Design
   d. Abschluss
3. *Planung und Steuerung*
   a. Realisierung und Durchführung
   b. Analyse und Design
   c. Auswertung und Bericht
   d. Abschluss

4) Welche Aussage(n) passt / passen am ehesten zu „Komponententest"?

1. Eine Komponenten die anhand des Einflusses einer vorgelagerten Komponente getestet wird.
2. Die einzelnen Komponenten einer Software werden zusammen kombiniert.
3. Die einzelnen Softwarebausteine werden zum ersten Mal isoliert voneinander getestet.

5) Was ist eine Backbone-Integration?

1. Beim Backbone werden erst alle Komponenten integriert, wenn diese vollständig zur Verfügung stehen.
2. Ein Backbone ist eine Notfall-Testumgebung.
3. Es wird ein Programmskelett erstellt, in welches die einzelnen Module integriert werden.

6) Was sind inkrementelle Softwareentwicklungsmodelle?

1. Prototyping, Extreme Programming, Backbone Modell
2. Alle Aussagen sind richtig
3. Der Ablauf bei inkrementelle Softwareentwicklungsmodelle ist vorgegeben
4. SCRUM, „Rapid-Application-Developer" , Prototyping

7) Zuverlässigkeitstest, Benutzbarkeitstests und Effizienztests sind...

1. Funktionale Tests
2. Strukturbezogenen Tests
3. Nicht funktionale Tests

8) Welches Element (1), (2) oder (3) beschreibt die Vorgehensweise der Review-Art: Inspektion
1. Planung , Analyse, Vorbereitung, Review-Sitzung, Abschluss, Wiedervorlage
2. Planung , Vorbereitung, Review-Sitzung, Nachbereitung, Wiedervorlage
3. Review-Sitzung, Abschluss, Wiedervorlage

9) Welche Rolle innerhalb einer Review-Sitzung führt folgenden Aufgaben aus: „ Dokumentation der Mängel"?
1. Protokollant
2. Manager
3. Autor

10) Was sind Review-Arten?
1. Inspektion
2. Informelles Gutachten
3. Walkthrough

11) Welche Art von Fehler liegt im Codebeispiel vor?
```
int Hilf
if (Min > Max) [
Max = Hilf;
]
```
1. DD-Anomalie
2. UR-Anomalie
3. DU-Anomalie

12) Welche Art von Fehler liegt im Codebeispiel vor?
```
int Hilf = 3,5
int Min  = 20
int Max  = 60
if (Min > Max) [
Max = Hilf;
Max = Min
]
```
1. DD-Anomalie
2. UR-Anomalie
3. DU-Anomalie

13) Wie berechnet man die zyklometrische Zahl?
1. V(g) = Anzahl der Knoten – Anzahl der Kanten +2
2. V(g) = Anzahl der Kanten – Anzahl der Knoten +2

14) Welche Aussage(n) passt / passen am ehesten zu „dynamischer Test"?
1. Dynamische Tests bestehen aus „Black Box Tests" und „White Box Tests"
2. Bei dynamischen Tests wird der Code nicht ausgeführt
3. Bei dynamischen Tests werden die Testobjekte ausgeführt

15) Welche Testverfahren sind „Black Box Verfahren"
1. Anweisungsüberdeckung
2. Anwendungstest
3. Äquivalenzklassenbildung

16) Welche(s) Testverfahren schließt / schließen 100% „Anweisungsüberdeckung" mit ein?
1. Einfache Bedingungsüberdeckung
2. Zweigüberdeckung
3. Pfadüberdeckung

17) Was wird im Standard ISO/IEC/IEEE 29119 Software Testing (ersetzt: IEEE 829) abgedeckt?
1. Testdokumentation
2. Testkonzept
3. Testverlauf
4. Testdurchführung

18) Welche Faktoren sind abhängig von der Wahl der Teststrategie?
1. Outsourcing
2. Produktrisiken
3. Projektrisiken und Produktrisiken
4. Testziele und Kosten

19) Welche Aussage(n) passt / passen am ehesten zu „Fehlerklassifikation"?
1. Klassifizierung der Fehlerwirkungen nach dem Zeitaufwand zum Beheben des Fehlers.
2. Klassifizierung der Fehlerwirkung nach der Schwere des Fehlers.
3. Klassifizierung der Fehlerquelle nach der Schwere.

20) Welche Anforderungen werden an das Konfigurationsmanagement gestellt?
1. Versionsverwaltung
2. Analyse der Dokumente auf Spezifikationsfehler
3. Konfigurationsverwaltung
4. Prioritätsverwaltung

21) Welche(s) Testverfahren schließt / schließen 100% „Zweigüberdeckung" mit ein?
1. Minimale Mehrfach Bedingungsüberdeckung
2. Einfache Bedingungsüberdeckung
3. Pfadüberdeckung
4. keine

22) Welche(s) Testverfahren schließt / schließen 100% „Pfadüberdeckung" mit ein?
1. Einfache Bedingungsüberdeckung
2. Zweigüberdeckung
3. Mehrfache Bedingungsüberdeckung
4. keine

Lösungen zu den Übungsaufgabe 11

Frage:	richtige Antwort:	Ihre Antwort:
1	(1)	
2	(2) und (3)	
3	(3)	
4	(3)	
5	(3)	
6	(3) / (4)	
7	(3)	
8	(2)	
9	(1) und (3)	
10	(1) / (3)	
11	(2)	
12	(1)	
13	(2)	
14	(1) und (3)	
15	(2) / (3) und (4)	
16	(2) und (3)	
17	(2)	
18	(4)	
19	(2)	
20	(1) und (3)	
21	(1) und (3)	
22	(4)	

Übungsaufgaben 12

1) Nennen Sie Ziele für einen erfolgreichen Softwaretest

1. Aufdecken von Fehlerzuständen
2. Erzeugen von Vertrauen bezüglich des Qualitätsniveaus des Systems
3. Liefern von Informationen zur Entscheidungsfindung
4. Vorbeugen von Fehlerzuständen

2) Welche Aussage(n) beschreibt / beschreiben keinen Grundsatz des Testens:

1. Vollständiges Testen ist nicht möglich#
2. Wiederholungen von Testfällen haben eine große Wirksamkeit
3. Testen ist abhängig vom Umfeld
4. „Keine Fehler" bedeutet ein brauchbares System

3) Was sind Produkt-Risiken?

1. gelieferte fehleranfällige Software
2. Potenzial, das die Software/Hardware einem Individuum oder einer Firma Schaden zufügen könnte.
3. Projektmitarbeiter haben unzureichendes Know-How im Bereich Softwaretest
4. schlechte Softwareeigenschaften (z.B. fehlende/mangelhafte Funktionalität, Zuverlässigkeit, Benutzbarkeit und Performanz)

4) Was beschreibt der Standard: ISO/IEC/IEEE 29119 Software Testing (ersetzt: IEEE 829)**?**

1. Eine Vorlage für die Automatisierung von Testfällen (test automation plan) im 'Standard for Software Test-Automation Documentation'
2. Eine Vorlage für Testkonzepte (test plan) im 'Standard for Software Test Documentation'
3. Eine Vorlage für die Durchführung von Komponententest (test plan) im 'Standard for Software Test-Components'

5) Was sind keine Projekt-Risiken?

1. unangemessene Einstellung oder Erwartung an das Testen (wenn beispielsweise das Finden von Fehlerzuständen beim Testen nicht als wertvoll betrachtet wird)
2. Firmen-politische Aspekte zwischen den beteiligten Firmen.
3. geringe Qualität des Designs, des Codes, der Konfigurationsdaten, Testdaten und der Tests
4. Vertragsaspekte, z.B.: zwischen einem Lieferanten, der für die Lieferung eines Server verantwortlich ist.
5. Software, die ihre beabsichtigten Funktionen nicht erfüllt

6) Was trifft nicht auf den strukturbasierten Test zu?

1. Der strukturbasierten Test baut auf dem Aufbau der Softwarekomponente, d.h. Anweisungen, Entscheidungen, Zweige oder sogar einzelne Pfade auf.
2. Tests können aus Anwendungsfällen (UseCases) abgeleitet werden.
3. Der strukturbasierte Test entspricht dem White-Box-Test.
4. Der strukturbasierte Test findet sich vor allem in späteren Testphasen wieder
5. Ein strukturbasierte Test findet bereits in frühen Testphasen statt.

7) Welche Aussage(n) sind/ ist richtig?

1. Die Softwarequalität ist hoch, wenn keine weiteren Fehler mehr gefunden werden.
2. Die Qualität der Software kann steigen, je mehr qualifizierte Tester zur Verfügung stehen.
3. Falls Testen Fehlerzustände findet und diese Fehlerzustände behoben werden, steigt die Qualität des Softwaresystems.

8) Setzten Sie den fundamentalen Testprozess in eine richtige Reihenfolge:

1. Testplanung; Testanalyse; Testrealisierung; Bewertung von Ende Kriterien; Abschluss der Testaktivitäten
2. Testanalyse; Teststeuerung; Testrealisierung; Bewertung von Ende Kriterien; Abschluss der Testaktivitäten
3. Testplanung; Testanalyse; Teststeuerung; Testrealisierung; Abschluss der Testaktivitäten; Testdokumentation

9) Welche Arbeitspakete finden sich in der Testanalyse und Testentwurf wieder?

1. Identifizierung und Priorisierung der Testbedingungen auf Grundlage der Testobjektanalyse, der Spezifikation, des Verhaltens und der Struktur der Software
2. Erzeugen (bzw. Sicherstellung) der Rückverfolgbarkeit zwischen Testbasis und Testfällen in beiden Richtungen
3. Entwurf des Testumgebungsaufbaus und Identifikation der benötigten Infrastruktur und Werkzeuge

4. Lösungen zu den Übungsaufgaben 12

Frage:	richtige Antwort:	Ihre Antwort:
1	Alle Ziele sind korrekt	
2	Aussage b) und d) sind keine Grundsätze, da Wiederholungen der immer gleichen Testfälle nicht zu neuen Erkenntnissen führen (b) und Fehlerzustände zu finden und zu beseitigen, hilft nicht, wenn das gebaute System nicht nutzbar ist (d)	
3	(1) / (2) und (4) sind richtig, da (3) kein direktes Produktrisiko ist.	
4	(2)	
5	(5) , da kein Projekt-Risiko, sondern ein Produkt-Risiko	
6	(2) / (4)	
7	(3)	
8	(1)	
9	Alle Aussagen sind korrekt	

Praktische Übungsaufgaben

Aufgabe 1

Sie sind als Tester in einem Projekt bei der Lebensversicherung x. Die Versicherung plant die Einführung eines neuen Kranken-Versicherungstarifes für Studenten und hat die Software dazu bereits entwickelt. Aus Mangel an Zeit müssen nun die bereits bestehenden Testfälle reduziert werden.

Voraussetzung:

Tarif gilt für:

1. Altersgruppe: 18 – 28 Jahre
2. Beiträge:
    a. Mann: 140 Euro
    b. Frau: 161 Euro (Aufschlag 15 %)

Vorhandene Testfälle:

Testfall	Geschlecht	Alter	Aufschlag KV	Vers. Beiträge	Versichert
A	Männlich	23	Nein	140	Ja
B	Weiblich	19J 3M	Ja	161	Ja
C	Männlich	29	Nein	140	Nein
D	Weiblich	25	Ja	161	Ja

Frage:

Welche Testfälle sind redundant?

1. A + B
2. A + C
3. B + D
4. D + D

Aufgabe 2

Eine Friseurkette plant die Einführung einer Kundenkarte für Stammkunden. Diese Kundenkarte soll allerdings nicht mit anderen Rabatten kombinierbar sein. Die Kundenkarte bringt dem Inhaber einen Rabatt von 15 %.

Voraussetzungen:

1. Stammkunden bekommen einen Rabatt von 6 %.
2. Kunden, die bis 12 Uhr einen Termin haben, bekommen einen Rabatt von 4 %.
3. Stammkunden, mit Termin vor 12 Uhr, bekommen einen Rabatt von 10 %.

In einer Entscheidungstabelle würde das Szenario vier Testfälle ergeben.

Stammkunde	J	J	N	N
Termin vor 12 Uhr?	J	N	J	N

Frage:

Wie viele weitere Testfälle sind erforderlich?

1. 1
2. 2
3. 3
4. 4

Aufgabe 3
Gegeben ist folgendes Programm:

```
public void myMeth(int a)
{
  if (a >= 0)
    a--;
else a++;
}
```

<u>Frage:</u>
Wieviele Testfälle sind notwendig, um eine Anweisungsüberdeckung zu erreichen?

1. 3
2. 4
3. 2
4. 1

Aufgabe 4

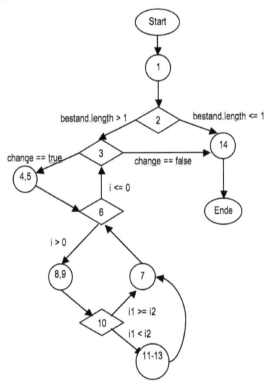

<u>Frage 1:</u>
Geben Sie Eingabewerten an, die notwendig sind, um eine Anweisungsüberdeckung zu erreichen. Schreiben Sie die Reihenfolge auf, in der die Anweisungen getestet werden.

<u>Frage 2:</u>
Erreichen Sie mit diesem Feld an Eingabewerten auch eine Verzweigungsabdeckung?

|Grundlagen des Softwaretests | © Alle Rechte vorbehalten

Aufgabe 5 - Multiple Choice, Bitte wählen Sie die richtige Antwort aus

Frage 1
Welches Tool /Welche Tools aus der unten genannten Aufzählung ist kein Werkzeug /sind keine Werkzeuge für den dynamischen Test?

        a)   Nur F und H
        b)   Keines
        c)   Nur A, B, D und E
        d)   Nur B

A: **Debugger**: Ermöglichen es, ein Programm zeilenweise abzuarbeiten, die Abarbeitung an jeder Programmanweisung anzuhalten, Variablen zu setzen und auszulesen u.v.m.
B: **Modell Checker**: Analyse von Spezifikation, sofern sie in einer formalen Modell bzw. Notation vorliegt. Werkzeug kann z.B. fehlende Zustände, fehlende Zustandsübergänge und andere Inkonsistenzen entdecken.
C: **Simulatoren**: Bildet die eigentliche Einsatzumgebung möglichst umfassend nach, wenn ein Systemtest nicht in der echten Umgebung möglich ist.
D: **Testtreiber**: Bieten Mechanismen um Testobjekte über deren Programmierschnittstelle anzusprechen. Benötigt werden Testtreiber hauptsächlich für Komponenten- und Integrationstests oder für spezielle Aufgaben im Systemtest. Eventuell erzeugt er auch Dummies und Platzhalter.
E: **Testroboter**: Dient als Testschnittstelle direkt in die Bedienoberfläche eines Softwaresystems.
F: **Komparatoren**: Stellen automatisch Unterschiede, zwischen erwartetem und aktuellem Ergebnis fest.
G: **Dynamische Analyse**: Ermitteln während der Programmausführung im dynamischen Test, zusätzliche Informationen über den internen Zustand der getesteten Software, z.B. die Belegung und Verwendung und Freigabe von Speicher.
H: **Überdeckungsanalyse**: Liefert Maßzahlen der strukturellen Testabdeckung während der Testdurchführung.

Frage 2:
In welche Schritte gliedert sich der Auswahlprozess zur Werkzeugauswahl

A) Anforderungsspezifikation 2) Marktstudie 3) Evaluierung der Werkzeuge der engeren Wahl 4) Vorführung von Werkzeugdemos 5) Review der Ergebnisse und Werkzeugauswahl
B) Marktstudie 2) Vorführung von Werkzeugdemos 3) Evaluierung der Werkzeuge der engeren Wahl 4) Review der Ergebnisse und Werkzeugauswahl
C) Marktstudie 2) Anforderungsspezifikation 3) Vorführung von Werkzeugdemos 4) Evaluierung der Werkzeuge der engeren Wahl 5) Review der Ergebnisse und Werkzeugauswahl
D) Anforderungsspezifikation 2) Marktstudie 3) Vorführung von Werkzeugdemos 4) Evaluierung der Werkzeuge der engeren Wahl 5) Review der Ergebnisse und Werkzeugauswahl

Frage 3:
Was sind mögliche Risiken bei der Verwendung eines neu eingeführten Testwerkzeugs?
        a)   nur I., IV. und V. sind Risiken
        b)   alle sind Risiken
        c)   nur II., III., IV. und V. sind Risiken
        d)   nur I. und IV. sind Risiken
1) Unrealistische Erwartungen an das Werkzeug.
2) Mangelhafte Unterstützung durch den Hersteller des Werkzeugs.
3) Interoperabilitätsproblematik zwischen den Werkzeugen.
4) Unterschätzung von Zeit, Kosten und Aufwand über die Einführung des Werkzeugs.
5) Risiko, dass der Werkzeughersteller den Betrieb einstellt .

Lösungen zu den praktischen Übungsaufgaben:

Frage:	richtige Antwort:	Ihre Antwort:
1	Antwort (3): (B + D) ist korrekt, da die Werte aus der gleichen Äquivalenzklasse stammen	
2	Antwort (1): (1 Testfall) ist erforderlich, da das Angebot der Kundenkarte nicht mit anderen Rabatten kombinierbar ist.	
3	Antwort (3): 2 ist korrekt	
4	**Frage1:** 4, 3 oder jedes andere Feld mit mindestens zwei Zahlen und für das gilt, dass mindestens zwei Zahlen in der falschen Reihenfolge vorliegen. **Frage2:** Nein. Verzweigungsabdeckung erfordert zusätzlich ein Feld der Größe 1 als Eingabe.	
5	Frage 1: D Frage 2: D Frage 3: B	

Copyright

der Inhalte dieses Werkes